Diciembre 24,92

Para Mara:
loca
Espero que
los Santos Reyes
(¡los tres!)
traigan bolsas
y más bolsas,
de afecto y
ternura.

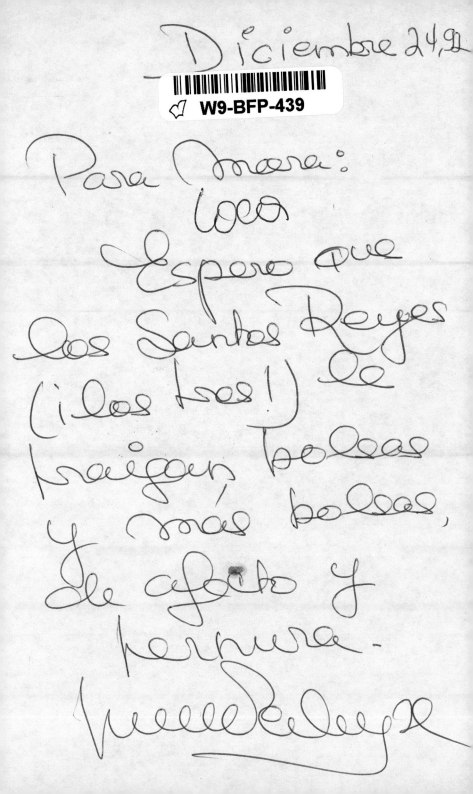

Guadalupe Loaeza

COMPRO,

LUEGO EXISTO

© **Instituto Nacional del Consumidor**
Insurgentes Sur 1228
Col. Tlacoquemécatl Del Valle
México, 03210, D.F.

© **Editorial Patria, S.A. de C.V.**
bajo el sello de Alianza, 1992
Renacimiento 180, colonia San Juan Tlihuaca
02400 México, D.F.
Teléfono 561-9299

Colección
Los Libros del Consumidor

Diseño de la portada
Luisa Martínez Leal y
José Manuel López López

Ilustración de la portada
Jorge García Sáinz

Primera edición 1992

ISBN 968-39-0805-5

Impreso y hecho en México

COMPRO, LUEGO EXISTO

Colección: Los Libros del Consumidor

INSTITUTO NACIONAL DEL CONSUMIDOR

Directora General
Lic. Margarita Ortega Villa de Romo

Director de Difusión
Lic. Marco Antonio López Gallo

Subdirector de Publicaciones
Lic. Oscar Romero Rojas

Jefe del Departamento de Redacción
Lic. Guillermo Torales Caballero

Cuidado de la Edición
Lic. Dora Torres Ponce

Para Miguel Ángel

Para Diego, Federico y Lolita

AGRADECIMIENTOS

Agradezco a Anne Delécole, quien realizó buena parte de la investigación y corrigió el texto. Asimismo, deseo agradecer los testimonios de Alonso García Loaeza, Fernando Tovar, Regina Guzmán y Lourdes Saucedo. Respecto de diferentes formas de consumo, mucho me sirvieron los comentarios de Dolores Tovar de Loaeza, Rosi Corona, Alejandro Perdomo, Federico Antoni, Elena de Pedro, Diego Antoni, Carmen Corona, Lolita Antoni, Patricia Bueno, Rafael de Yturbe, Jorge García Sáinz, José Ignacio Echeverría, Isabel Manhes, Carmen Rojas, Marco Antonio López Gallo, René Solís y de otras muchas personas, que no menciono pero que les estoy reconocida. Agradezco en particular a la Casa Nina Ricci, empresa que me ha enseñado a distinguir entre comprar y comprar.

ÍNDICE

MIAMI

"Trátese de consumo o de inversión, de juego o de atesoramiento, el dinero es una pasión. De Harpagón a Rico Mac Pato, del jugador al ratero, de Grandet a César Birotteau, el dinero es objeto de las fantasías más descabelladas. No se quiere el dinero únicamente por las facilidades que ofrece: 'Si tuviera dinero, podría...' sino también por sí mismo, por esa peculiar brillantez que manifiesta su naturaleza de equivalente género. Como tal, el dinero es considerado a menudo como la llave del bienestar, la antesala del poder, un medio de consideración social. Pero el medio se vuelve incluso el fin y, para mucha gente, tener dinero es simplemente 'ser'".

L'argent, ANDRÉ COMTE-SPONVILLE, Edit. Autrement.

Open tonight, leyó mientras atravesaba Collins Avenue. No obstante que había pasado más de tres horas en el centro comercial, la idea de volver una vez que se hubiera liberado de sus paquetes la llenó de alegría. "!Qué maravilla! Voy a poder regresar esta noche", pensó con una sonrisa semejante a la del Gato de Cheshire del cuento de *Alicia en el País de las Maravi-*

15

llas mientras se dirigía hacia su hotel, que se encontraba justo enfrente del *mall*.

—*Six zero six, please* —dijo Sofía al encargado de la administración, pronunciando perfectamente su inglés aprendido de adolescente en un internado en Canadá.

Éste la vio tan contenta y satisfecha que no pudo evitar una sonrisa de complicidad. *"When these Mexicans come to Miami, they always want to buy everything. Definitely, they are our best tourists "*, pensó el administrador. Sofía tomó la llave como si se tratara efectivamente de "La Llave del Mundo", como dice el anuncio de American Express, y se dirigió al elevador. Mientras lo esperaba puso sus seis paquetes en el suelo. "!Qué bárbara! Ahora sí que gasté un chorro", pensó entre divertida y preocupada, como si se tratara de una travesura más. Para Sofía comprar significaba vibrar, vivir, disfrutar, sentirse rea-li-za-da. Pero, al mismo tiempo, le provocaba un profundo sentimiento de culpa, angustia e inseguridad. Cuando lo hacía no contaba, no calculaba, no programaba. Comprar, gastar, consumir, acumular, no quedarse con las ganas de nada para, después, arrepentirse, azotarse, atormentarse y jurarse una vez más por todos los santos del cielo no volver a hacerlo. Sofía no sabía qué disfrutaba más, si el sentimiento que le provocaba comprar o el que invariablemente la hacía sufrir.

Cuando abrió la puerta de su cuarto se encontró con que la mucama ya había pasado a cambiar las toallas y a preparar la cama para dormir. Sobre una de las almohadas había un chocolate y un papelito donde se leía: *Pleasant dreams*. Sofía colocó todas las bolsas sobre la cama que no ocupaba. Se quitó los zapatos, tomó el chocolate, lo desenvolvió y se lo metió en la boca. "Estos gringos sí que son profesionales", pensó mientras disfrutaba de la menta del chocolate. Enseguida se recostó y desde su cama prendió la televisión. Con el control en la mano, fue cambiando de canal. De pronto se topó con Verónica Castro en uno de sus viejos programas grabados de *La Movida*. "Está perfecta para los cubanos de aquí", se dijo mientras cambiaba de canal. De repente apareció en la pantalla una pareja desnuda besándose sobre un sillón. Sofía reacomodó mejor las almohadas, miró hacia el tablero donde estaba el reloj y se dijo que media hora de descanso antes de salir de nuevo a hacer un poco más de *shopping* no le vendría mal. "Luego estos programitas... dan muy buenos tips", pensó, no sin sentir ciertos remordimientos. Eran las 6:10 de la tarde.

A pesar de que Sofía estaba muy interesada en los intercambios afectuosos de parejas que apenas se acababan de conocer entre sí, apagó la televisión a las 7:10 pm. Por más atrevido e interesante que fuera el videoclip, para ella no había nada en el mundo que pudiera remplazar el placer del *shopping*. Se incorporó de la cama, se puso los zapatos y se dirigió hacia el baño. Contra la gran luna se reflejaban decenas de botellas y pomos de cremas La Prairie. No obstante el precio exorbitante, Sofía había decidido comprar toda la línea. "Está carísima, pero es una inversión", se dijo cuando firmó el voucher de American Express por ochocientos dólares. Con un pincel gordo para profesionales del maquillaje, se tocó ligeramente la nariz con su nuevo polvo transparente de Chanel: "De una rara fineza, unifica la apariencia con transparencia. Para un tono suave y aterciopelado".*

Con un cepillo de cerdas de puercoespín se alisó la abundante cabellera dorada. Tomó su bolsa Louis Vuitton y salió del cuarto. En el interior del elevador se encontró con una pareja de viejitos. Tanto él como ella llevaban bermudas, camisas floreadas y tenis.

—*Good evening* —les dijo.

—*Hi* —respondieron los dos con una sonrisa indiferente.

---

* "El *packaging* puede mejorar, se estima que en un 25%, la distribución de un objeto; a menudo es suficiente un nuevo envoltorio para relanzar un producto en declive. Tanto ayer como hoy el cliente se rige, en parte, en función del aspecto exterior de las cosas: el diseño de maquillaje y de moda tienen una larga carrera por delante." Gilles Lipovetsky, *El imperio de lo efímero*, Anagrama, Barcelona.

En tanto el elevador bajaba lentamente, Sofía pensaba: "Tengo que comprar una petaca más. Con todo lo que he comprado, ni de chiste me va a caber en las que traje. A ver si encuentro una buena y en barata". Efectivamente, después del viaje que había hecho a París, sus tres grandes maletas de Aries resultaban insuficientes. Cuatrocientos dólares tuvo que pagar en el aeropuerto Charles de Gaulle por exceso de equipaje. Cuando el maletero le ayudó a ponerlo sobre la báscula, le preguntó en son de broma si llevaba piedras. *"Non, ce sont des livres "*, respondió Sofía como para justificarse frente a él.

Después de oprimir el botón de la luz roja del semáforo que se encontraba en la esquina a la altura de la entrada del hotel, Sofía atravesó Collins Avenue frente a una hilera de coches que esperaban pacientemente que la única peatona llegara al otro lado de la calle. "¡Qué maravilloso país! Todos aquí son tan respetuosos, tan civilizados. ¿Cuándo en México íbamos a tener estos semáforos que una misma hace funcionar para atravesar la calle cuando quiere? Típico que siempre iban a estar descompuestos. O bien, desde los coches gritarían: 'Espérate que haya más gente, ¡pendeja!'. Mucho TLC, mucho TLC, pero a nosotros todavía nos falta un resto para pertenecer al Primer Mundo", pensó Sofía mientras cruzaba la espléndida avenida.

Así como Alicia, la del País de las Maravillas, no sabía qué camino tomar cuando de pronto se encontró en medio del bosque, al llegar Sofía al *mall* por un momento dudó si dirigirse hacia la izquierda, donde estaba Saks Fifth Avenue, o hacia la derecha, en dirección de Neiman Marcus. Optó por encaminarse hacia la primera. Mientras pasaba a lo largo de varias boutiques, no podía evitar pararse frente a cada una de las vitrinas. "¡Hijo, ese conjunto está sen-sa-cio-nal!", se dijo frente a la de Gianni Versace. Se trataba de una falda de lino azul marino, que coordinaba con una blusa de seda estampada en colores brillantes. Como si un imán gigante la jalara hacia el interior, Sofía entró en la boutique.

—Good evening. May I help you?

Nada le gustaba más que se dirigieran a ella en inglés, sobre todo en Miami, donde en las tiendas generalmente las vendedoras hablan español. Además, le fascinaba la forma de vender de las empleadas norteamericanas. Sentía que les podía tener absoluta confianza por su gran profesionalismo y porque ellas sí sabían de qué estaban hablando. No que las de México, aparte de no tener el mínimo gusto, no sabían vender. De las gringas apreciaba su voz, su acento, su hospitalidad, pero sobre todo la forma tan educada de querer siempre ayudar a los demás. La frase *"May I help you?"* era para Sofía como un verdadero canto de sirena.

—¡Oh, yes! Thank you very much.

Con toda amabilidad preguntó por el precio de la falda y de la blusa que se encontraban en el escaparate vitrina.

—The blouse is six hundred dollars and the skirt, 475. Would you like to try them on?

Cuando Sofía viajaba, odiaba molestar inútilmente a las vendedoras. "Eso hacen las típicas mexicanas que no saben viajar", solía decir a sus amigas viajadas.

—Okey. I am size 10.

—Are you sure? I think you are rather size 8.

Al oír esto, Sofía de pronto tuvo ganas de darle un abrazo a la señorita. No obstante que había comido como e-na-je-na-da en los restaurantes en París, ¿no se notaban esos kilitos de más? ¡Qué maravilla!

—¡Oh, yes! Please give me a size ei-ght —dijo, haciendo mucho énfasis en la talla ocho.

De inmediato la empleada fue en busca del maravilloso conjunto. Dos minutos después Sofía ya estaba en uno de los probadores. Por una bocinita escondida en el techo le llegaba la voz irresistible de Julio Iglesias:

...*"Alguien, yo sé que alguien va a cruzarse en mi camino, alguien, que hoy ya presiento que de mí no está distante..."*

"¿Y si yo fuera ese *alguien*?" pensó de repente Sofía, "él tiene su casa aquí en Miami..."

Se probó primero la falda. ¡Láaaaaastima! Le apretaba demasiado. "¡Híjole! Aquí en mis pompis se han de haber concentrado todos los *escargots,* patés y *crème* Chantilly que comí en París. ¡Qué coraje! Pero eso sí, llegando a México me pongo a una dieta ri-gu-ro-sí-si-ma. Ay, pero cómo le digo a la señorita que no me quedó. De seguro va a pensar que tengo el cuerpo de la típica mexicana: plana de arriba y caderona de abajo. ¡Qué pena!", se decía mientras se probaba la blusa. ¡Qué diferencia! Ésa sí le quedaba que ni pintada. Se le veía ¡super! "Ya sabía que la blusita me iba a quedar padrísima. ¡Lástima de la falda! ¿Y si le digo a la costurera que le saque de los lados? Ay, pero luego no queda igual. Así me pasó con mi vestido de Adrienne Vittadini. Carmelita de plano me lo echó a perder. Las costureras a domicilio están bien para remendar, hacer camisoncitos, composturitas o trapos de cocina, pero no tienen ni idea de cortes ni de cómo debe de caer un vestido. ¿Qué hago? Me da pena pedirle que me la cambie por una más grande. Ay, no, qué horror. Primero muerta".

—*Is everything O.K.? Do you need any help?* —escuchó de pronto del otro lado de la cortina del probador.

Sofía estaba tan sumida en su pena ajena que, sobresaltada, exclamó:

—*Oh, yes. Thank you. Everything is perfect. I was just thinking...*

Y de nuevo preguntó por el precio de la falda.

—*Four hundred and seventy five dollars.*

"¿Qué hago? Bueno, una falda azul marino de lino siempre es superútil. Claro que ya me compré una en París. Ay, pero ésa es plisada. No tiene nada que ver. Es otra película. Yo creo que me la voy a llevar y le mando a sacar un poquito.

"Alguien, con quien beber las emociones gota a gota, alguien, que
para siempre va a volar mi mismo vuelo...",

seguía cantándole muy quedito Julio Iglesias. Sí, sí, me la voy
a comprar. Porque me voy a poner a dieta. Esta falda será mi reto
mayor. Siempre he oído decir que en la vida no hay nada como
los retos. El día que me quede per-fec-ta, ese día seré talla 8, lo
que siempre ha sido el sueño de mi vida. ¿Y la blusa? No, ésa
también me la llevo. Porque le hace juego perfecto. Además me
la puedo poner también con la falda blanca, la fucsia y la negra.
¡Híjole, se va a ver di-vi-na! Y también con la azul plisada se
puede ver muy bien". Terminó de vestirse y salió del probador
con SU falda y SU blusa. Le entregó las cosas a la señorita y
juntas se dirigieron hacia la caja.

—*You sure have very good taste. We just received this outfit*
this morning. Cash or charge? —preguntó la vendedora con una
amabilísima sonrisa en tanto doblaba el conjunto entre papel de
china para meterlo en una caja.

—*American Express, please* —dijo Sofía al extender su Gold
Card.

En esta tarjeta radicaba precisamente "la diferencia entre
querer y poder". Sofía no nada más quería comprar todo, sino
que PODÍA hacerlo por el solo hecho de quererlo. Consumir por
consumir le permitía, cada vez que pagaba con su Gold, consta-
tar que era rica. "¿Cómo me pides que tenga límites si la Gold
Card no tiene límites?", le argumentaba a su marido, cuando éste
se quejaba amargamente de los gastos de su mujer. Antes de
dársela, él lo pensó mucho: "Gastadora como es, esta tarjeta va
a ser una gran tentación. Sin embargo, es de lo más práctica. Si
la pago puntualmente, no genera intereses. Además, es muy
segura para cuando uno viaja". (Como tarjetahabiente American
Express, Global Privileges ofrece un crucero por Alaska, Canadá o Nueva Inglaterra con considerables ahorros, la primera
noche de estadía como cortesía en cualquiera de más de 50

hoteles de lujo, rebajas en finas tiendas y restaurantes, una valiosa oferta para el alquiler de un automóvil y mucho más...) "Si algo pasa, se puede pedir un doctor, una ambulancia, e internarse en cualquier hospital del mundo. Y si un día se me olvida en la casa o se me extravía, Sofía puede pagar con la suya. Sí, se la voy a dar. Pero eso sí, le voy a sugerir que nada más la utilice para viajar".

Unos días después de darle su Gold a Sofía, Fernando había recibido una carta sumamente amable del vicepresidente de Mercadotecnia y Ventas de American Express; entre otras cosas, le decía: "A los tarjetahabientes privilegiados se les ofrece servicio telefónico las 24 horas los 365 días al año; entrega de pasajes aéreos, cupones de reservación, etc., en mano propia, a la hora y en el lugar que usted indique dentro del área metropolitana; paquetes especiales, promociones y ofertas exclusivamente para tarjetahabientes The Gold Card inscritos en Envoy". Fernando encontró tan convincentes los argumentos del vicepresidente que enseguida le pidió a la secretaria que lo comunicara para solicitar los servicios de Envoy para él y su mujer.

Pero, desafortunadamente, Sofía no sólo utilizaba su Gold Card en el extranjero. También se servía de ella en México. Cuando Fernando recibía los estados de cuenta en su oficina, de inmediato le hablaba por teléfono y le decía: "¿En qué quedamos, Sofía? Acabo de recibir lo de American. Es que no te mides. La última vez pagué cerca de 5 millones de puros artículos de cocina". ("Sólo Moulinex le ofrece la posibilidad de formar su equipo de procesadores con la combinación que más convenga a sus necesidades. Un solo motor sirve para sacarle provecho a sus accesorios.") "Sí, sí, ya me dijiste que porque aprovechaste una barata en Liverpool y porque todo era de importación. La verdad, Sofía, que si seguimos con este tren de vida, te juro que voy a tronar. Contigo no hay límites ¡caray!", decía colgando la bocina bruscamente.

—*Six hundred and four hundred and seventy five, that's one thousand and seventy five dollars. O.K., dear?* —preguntó la empleada.

Sólo cuando estaba a punto de pagar y le decían el total de sus compras, Sofía se daba cuenta de lo mucho que había gastado. Y, como de costumbre, repetía la suma, como para darse tiempo de asimilarla:

—*1 075 dollars?* —dijo muy quedito

—*That's right.*

De pronto Sofía tuvo ganas de preguntarle por qué, pero no se atrevió. Al ver a su cliente dudosa, esta vez la empleada se lo dijo en un español con mucho acento:

—Mil setenta y cinco *dollars.*

—*Yes, I understand very well. Thank you. Where shall I sign?* —inquirió Sofía, sabiendo perfectamente dónde había que firmar.

Le salía mejor la firma en los vouchers de la Gold que en los de Carnet y Banamex. De alguna manera creía que los empleados bancarios en el extranjero revisaban perfectamente cada una de las firmas de los cuentahabientes.

—*Enjoy it and thank you very much. Good-bye!* —le dijo la vendedora acompañándola hasta la puerta.

Todavía no acababa de salir de la boutique con su maravilloso paquete perfectamente bien envuelto, cuando a Sofía se le vino encima toda la culpa del mundo. "¡Qué estúpida! ¿Para qué compré la falda? Se me ve ho-rri-pi-lan-te. Me hacía verme gordísima, además está superrabona. Por si fuera poco el lino se arruga muchísimo. ¡Híjole, ahora sí que estoy loca! Si volví al *mall* fue para comprar una maleta y no para comprar faldas que no son de mi talla. Fernando me va a matar. Ni modo que regrese a la boutique y le diga a la imbécil ésa que me regrese el dinero. Estoy segura que me dijo que era talla 8 para que le comprara. Ay, así son estas gringas. A fuerzas te quieren vender. Están peor que las francesas. Ahora sí nada más me voy derechito a

Saks a comprar la petaca. Juro que no me pararé en ninguna otra tienda".

Justo se estaba diciendo esto cuando pasó frente a The Gap. De repente se acordó de la última llamada telefónica que hizo a su casa: "Mami, no se te olvide comprarme algo en The Gap. Porfa. Algo ¡de pelos! Conste, ¿eh?", le había suplicado su hija. Enojada, entró a la boutique. Enojada revisó los módulos donde se encontraba la última colección *sportswear* y, también enojada, escogió dos playeras, una gris y otra azul pizarra; una blusa de mezclilla, una roja rayadita y unos bermudas blancos. "Le van a servir mucho para Valle", pensó. Con los brazos llenos de ropa se dirigió hacia la caja, y mientras hacía la cola se acordó de Fernandito, su hijo. "Si no le llevo nada de Gap, va a hacer el berrinche más grande del mundo." Salió de la cola y fue donde se encontraba la ropa para *juniors*. Allí encontró unos pantalones guindas, una playera del mismo color y un cuello de tortuga en algodón blanco. "Se va a ver guapérrimo", se dijo con una sonrisa y ya sintiéndose menos iracunda.

No había duda, la acción de comprar relajaba a Sofía, la distraía enormemente. Aun si compraba para los demás, lo hacía con el mismo interés e intensidad que si fuera para ella. Tampoco en este caso escatimaba gastos. ¿No en París había dedicado más de dos días para comprar los encargos de sus mejores amigas? ¿Y no, incluso, había firmado con su tarjeta para completar la suma? Así como Sofía era supergenerosa con ella misma, así era con los demás. "Lo más importante en la vida es la generosidad", decía constantemente. "Odio a la gente tacaña, egoísta, mezquina, los cuentachiles. Para mí el peor defecto es ser codo. Prefiero a los borrachos, a los mentirosos, a los flojos... bueno, hasta a los ladrones; pero a los codos, a esos sí, no los aguanto."

Se volvió a formar, con los brazos todavía más llenos de ropa. De repente, se le acercó un jovencito adorable, bronceado y medio pecoso.

—*May I help you?*

Al oír esto, Sofía no pudo evitar preguntar con una sonrisa si en su talla no tenían también la playera de cuello de tortuga.

—*Sure we do, Madam. Here you are. You are size 8, aren't you?* —le preguntó, a la vez que le entregaba la mercancía.

—*Exactly. Thank you very much* —agregó Sofía, volviéndose a formar en la fila, pero sin sus compras, ya que el joven se las había llevado a la caja para ir preparando la nota.

Cuando finalmente le tocó su turno, le dijo la cajera:

—*One hundred and twenty dollars.*

Como una autómata, Sofía volvió a sacar su Gold. Esperó a que la maquinita de la tarjeta de crédito American Express hiciera click, click, y firmó. Esta vez el último rasgo de su firma resultó mucho más enérgico, como con más personalidad.

—*Thanks a lot* —le dijo festivamente al joven que la atendió. Sofía salió de The Gap con dos bolsas enormes aparte de la caja de Versace.

Afuera en el *mall* ya no hacía tanto calor y se empezaba a vislumbrar una luna gorda y plateada. "¡Qué clima tan maravilloso! ¡Y pensar que llevo tres semanas sin respirar la cochina contaminación! Por eso me siento tan bien, por eso digiero tan bien, por eso duermo tan bien, por eso —aun si me desvelo— no me siento cansada. No sé por qué a los aztecas se les ocurrió fundar México ahí. Estoy segura de que, a pesar de que nací en México, a mí en lo personal me afecta la altura. Tal vez sea un problema de metabolismo. Quizá al mío no le conviene la altura. ¡Híjole!, si no me apuro van a cerrar y tengo que comprar esa petaca, porque si no, voy a viajar como esos espaldasmojadas que, cuando regresan en avión a su pueblo, llevan bolsas y hasta cajas con ropa. ¡Qué horror, ha de ser horrible ser espaldamojada!"

Siempre que Sofía entraba a un gran almacén, ya sea en Estados Unidos o en Europa, tenía la impresión de penetrar en el Paraíso Terrenal. Allí la esperaban todas las tentaciones habidas y por haber. Allí se olvidaba de sus angustias, presiones y culpas. A partir del momento en que cruzaba sus puertas, el tiempo ya no existía para Sofía. En una ocasión, en uno de los tantos viajes que hizo con su marido a París, éste le dio cita a la una de la tarde a las afueras de Galeries Lafayette. Cuando Sofía salió con los brazos repletos de bolsas, eran casi las tres.

—¿Te das cuenta la hora que es? Llevo aquí como idiota casi dos horas. ¿Qué te pasó?

Su mujer lo miró sorprendida.

—¿Cómo que casi dos horas? Pues, ¿qué horas son? ¿A poco ya es tan tarde? ¡Qué raro! Si hace muy poquito tiempo eran las doce... Y en efecto, Sofía no mentía. Para ella, en el interior de los almacenes el tiempo no transcurría. Era como si en la puerta la recibiera un hada y le dijera: "Aquí el tiempo no es más que una cuarta dimensión; por lo tanto, puedes viajar por él tan fácilmente como a través del espacio. Aquí el dinero tampoco importa". Y a partir de ese momento, Sofía construía su propio viaje. Era como un *ego-trip* que no tenía ni principio ni fin. A tal grado la absorbía este *trip* interno que en esos momentos se olvidaba por completo de la realidad. Cuanto más recorría el almacén, más sentía la necesidad de dejarse llevar por sus fantasías.

Por eso, cuando entró a Saks por el departamento de perfumería, inhaló profundamente, como si el olor de todas esas fragancias juntas contribuyera a estimular su viaje personal. Cerrando los ojos, volvió a aspirar aquel conjunto de perfumes de Chanel, Yves Saint Laurent, Nina Ricci, Ralph Lauren, Guy Laroche, Givenchy, Christian Dior, Marcel Rochas, Paloma Picasso, Estée Lauder, Giorgio Armani, Charles Jourdan, Hermès, Guerlain, etc., etc. De alguna manera, todas estas marcas eran como apellidos de viejas amigas que había conocido hacía muchos años, ya que en todas las revistas siempre veía sus nombres. Cuando en las conversaciones las mencionaba, dejaba caer sus nombres con toda naturalidad. Para Sofía la humanidad se dividía en dos: los que sabían pronunciar correctamente las marcas extranjeras y los que no se les entendía nada cuando hablaban de ellas. Con frecuencia corregía a sus amigas: "No se dice 'Yves Sant Lorant'. Se llama Yves Saint Laurent".

Sin poderlo resistir, se acercó al mostrador de Christian Dior y en un cartel que reposaba sobre la vitrina leyó: *"Barefaced beauty should be a moment to enjoy. Now cleansing is a pleasure, a totally new sensation..."*.

—*May I help you?* —preguntó enseguida la demostradora.

—*Thank you. I was just looking around* —contestó Sofía con cierta pena.

Aunque se acababa de comprar toda la línea de belleza de La Prairie y parte de la de Chanel, ¿cómo no le iba a comprar a esa señorita tan amable, tan profesional, que de tan buena fe se prestaba a ayudarla? Pidió entonces que le mostrara los últimos colores de *lipsticks*. De inmediato, la vendedora le enseñó el nuevo colorido, tanto en nacarado como en mate. Finalmente se llevó el número 549, Express.

Faltaban veinte minutos para que cerraran el *mall* y Sofía seguía sumida en su *trip*. Con esta misma sensación se dirigió muy quitada de la pena, al departamento de zapatos. Allí le llamaron la atención unas sandalias italianas de tono cobrizo marca Ferragamo, unos zapatos de noche de Karl Lagerfeld, unos para caminar de Calvin Klein y unos mocasines de Gucci. Como si se tratara de objetos preciosos, los tomaba entre sus manos, los revisaba, buscaba el precio y los volvía a colocar en el mismo lugar. Aquí ya nadie se le acercó, ya que muchos de los encargados se encontraban ocupados cerrando sus cajas o desdoblando las enormes franelas con las que, justo a la hora del cierre, deberían cubrir toda la mercancía. De pronto, en una de las mesas camillas, algo llamó la atención de Sofía. Eran unos preciosos tenis Ralph Lauren color de rosa. "Justo lo que necesito para mi *jogging*", se dijo, contenta de haberle encontrado a su futura compra una perfecta justificación. Tomó el modelo que le gustó y se dispuso a buscar a una vendedora. Por fin encontró a un señor, quien se veía muy apurado reuniendo una serie de

vouchers. Le pidió que por favor la atendiera. El señor la miró
un poquito irritado; sin embargo, le preguntó:

—*What size are you?*

Sofía nada más conocía su medida en zapatos franceses o
italianos. Para ahorrarse problemas, la pidió tanto en la talla
francesa como en la italiana. El vendedor la vio todavía más
irritado y dio la media vuelta con el tenis rosa en la mano. *"These
Cubans..."*, pensó mientras se dirigía hacia la bodega. Cinco
minutos más tarde ya estaba de regreso con tres cajas. Sofía se
probó los tres pares, pero ninguno le quedó. El señor regresó a
la bodega y trajo un cuarto. Finalmente ésos sí le quedaron
perfectamente bien. Como no eran muy caros, rápidamente
Sofía pagó con un billete de cien dólares. Mientras el señor le
daba su cambio, le preguntó en qué piso se encontraban las
suitcases.

—*We'll be closing in five minutes. I think you won't have any
time left. The suitcases are on the fourth floor.*

Con todo y paquetes, Sofía corrió hacia las escaleras mecáni-
cas y, subiéndolas de dos en dos, llegó al departamento de
maletas. Prácticamente todo el departamento estaba cubierto ya
con las franelas. Sin embargo, Sofía se fue hacia las petacas de
tela y, por debajo de la cubierta, sacó una maleta grande de ésas
que tienen ganchos para llevar la ropa colgando. Al verla uno de
los empleados, de inmediato se acercó a ella y le dijo:

—*I am sorry but we are closed.*

Si de consumo se trataba, Sofía era capaz de convencer a la
persona más renuente del mundo. ¿Cuántas veces no le habían
abierto la puerta de una boutique a punto de cerrar? ¿Cuántas
veces no había inventado las historias más inverosímiles con el
objeto de que le vendieran precisamente aquel vestido que había
visto en la vitrina y que ya estaba vendido? Con tal de lograr su
objetivo, Sofía estaba dispuesta hasta a contar las mentiras más
monstruosas. Por esta razón, cuando escuchó al señor decirle
que ya no era posible atenderla, Sofía le contó que había venido

a Miami a buscar a su pobre madre que se encontraba en un hospital, del cual salía mañana muy temprano.

—Usted comprenderá, señor, que después de quince días de estar hospitalizada, le tuvimos que comprar varios camisones y ropa interior. Y ahora no sabemos en qué guardar toda esa ropa, además de todas las medicinas que también tendrá que llevar.

Esto se lo decía en un inglés perfecto y moviendo mucho las manos. Por momentos, ponía cara de preocupación, y por otros tomaba una actitud de niña graciosa. El señor la miraba entre incrédulo y solidario. No, una persona tan decente y fina como se veía Sofía no podía inventar una historia semejante.

—*Just a second, please* —le dijo.

El señor se dirigió al responsable de piso y le explicó el problema de su clienta.

—*O.K., but don't be long* —le dijo.

El vendedor regresó y con una voz cálida le mostró a Sofía la petaca que había elegido. Le explicó las ventajas de los diferentes compartimentos y le enseñó una bolsa especial donde se podía poner la ropa sucia.

—Aquí podrá poner los camisones usados de su madre, sin que se confundan con el resto de la ropa.

Cerca de diez minutos se tomó el empleado en describirle las maravillas de la maleta. Cuando, finalmente, le dijo el precio, Sofía se quería morir. ¿Qui-nien-tos treinta y tres dólares una petaca que no era de piel sino de lona? ¿Cómo era posible?

—*I think it's very expensive* —se atrevió a decir Sofía.

El señor le explicó que eso costaban las maletas Hartman, conocidísimas desde 1877 por sus artículos superresistentes, y que sinceramente ya no podía enseñarle las más económicas porque el responsable ya se había ido. Sofía se moría de la pena. "No puedo decirle que no me la voy a llevar. ¡Qué horror! Después de todo lo que lo he retenido. Ni modo, la voy a comprar. Además, dice el señor que me va a durar años", reflexionó Sofía.

—*All right* —le dijo, a la vez que le extendía su Gold Card.

El empleado la tomó y de inmediato hizo la nota. Mientras oprimía los botoncitos de la caja, comentó:

—*I hope your mother will recover soon.*

Era tan distraída Sofía, y en esos momentos estaba tan preocupada por el precio de la petaca, que lo de su mamá enferma ya se le había olvidado. "*My mother?*", estaba a punto de preguntar, cuando de pronto se acordó:

—*Oh, yes, my mother! Thank you very much.*

Cuando el señor le regresó su tarjeta y su voucher, le propuso guardar su *shopping* en el interior de SU nueva petaca Hartman. Sofía aceptó. Juntos guardaron SU blusa, SU falda, lo de The Gap, SU *lipstick* y SUS tenis color de rosa.

—*It's almost full* —dijo el señor en son de choteo. Los dos se rieron.

Muy amablemente, el vendedor se dispuso a ayudarla con la petaca hasta la salida de Saks. Mientras bajaban por el elevador, el empleado le preguntó a Sofía su nacionalidad.

—*I am Mexican* —dijo rápidamente.

—*Oh, from Mexico. I think Mr. Salinas is a very good president, isn't he?* —comentó.

—*Oh, yes* —exclamó Sofía con cierto orgullo—. *He's extremely intelligent* —agregó justo al momento en que se abrían las puertas del ascensor.

Mientras se dirigían hacia la salida, Sofía no podía evitar ver por todos lados. El hecho de que en esos momentos ya no pudiera comprar ni un solo alfiler la tranquilizó.

—*Good-bye. I wish you and your mother a good trip back home* —le dijo el señor.

Sofía tomó SU petaca. No obstante que estaba un poco pesada, dirigiéndose hacia el hotel la sostenía como si se tratara de una plumita. En la esquina, oprimió de nuevo el botón del semáforo y atravesó Collins Avenue. Cuando en la administración la vieron llegar con una maleta, enseguida le extendieron un papel para que se registrara. Divertida, les explicó que ya tenía su cuarto y que lo de la petaca era parte de su *shopping*.

A pesar de que ya se sentía un poquito cansada, se encaminó a su habitación con una sensación de satisfacción. La idea de viajar sola la excitaba, la hacía sentir libre, adulta e independiente. "¡Qué bueno que no me he encontrado a nadie conocido. Odio encontrarme con compatriotas. La verdad es que cuando viajan, enseguida se les nota lo *so-mex*. ¡Híjole, es que hay algunos *so-Mexicans!* Luego hacen cada ¡oso! que da pena ajena", pensó Sofía entre el tercero y el cuarto piso. Al llegar a su habitación, colocó la maleta sobre la cama vacía y prendió el televisor. En la pantalla volvió a aparecer una pareja besándose y abrazándose. Lo hacían con tal pasión y experiencia que por un momento Sofía dudó en cambiar de canal. "Para mí que este canal nada más tiene una programación", pensó. Se dirigió hacia el teléfono y oprimió el número 5.

—*Room Service. May I help you?* —dijo la voz de una señorita amabilísima.

—*Yes, please. May I have a poached baby salmon with vegetables and a vanilla ice cream... Oh, no, no. I'd rather have a fruit salad and black tea* —exclamó Sofía de inmediato, al acordarse de su falda talla ocho.

Al sentirla tan indecisa, la señorita le hizo confirmar su orden. Con voz más firme, Sofía pidió una ensalada de fruta y un té negro.

En tanto seguía viendo a la pareja en pleno éxtasis, Sofía se iba desvistiendo. Primero su cazadora de lino Max Mara que se acababa de comprar en París (1 500 francos), después su cinturón Gucci (600 FF), su *top* de seda (450 FF) y luego sus bermudas (600 FF), que hacían juego con su saco. Como en cámara lenta, Sofía se deshizo de su "bra" Christian Dior (*Made in France*, 100% algodón) y rápidamente se deslizó en su camisón Laura Ashley de piqué blanco.

Enseguida se dirigió hacia el baño para desmaquillarse. Se

miró en el espejo y de pronto se acordó que en unos días cumpliría 45 años. Si algo odiaba Sofía, era cumplir años. "Si ahora me arreglo para gustar, pronto llegaré a la edad en que me arreglaré para no disgustar", reflexionó. Tomó el frasco casi nuevo del Purifying Cream Cleanser y virtió una buena cantidad de crema en la palma de su mano izquierda; con la otra, la distribuyó por toda la cara. Sofía era de las que pensaban que entre más copiosa fuera la cantidad del producto que usaban, mejores resultados obtendrían. Lo mismo pasaba con la pasta de dientes, con el champú, los enjuagues, las mascarillas y todos los demás tratamientos para el cutis. "Al desmaquillarse ayuda a su piel a evitar el daño que produce el medio ambiente: los rayos ultravioleta pueden causar el 80% del envejecimiento prematuro." Con la ayuda de una borlita de algodón poco a poco se fue retirando la crema. "¡Quítate el día de encima! Devuelve la naturalidad a tu rostro con un buen principio, dejando en tu cutis una sensación de frescura y suavidad."

A pesar de la eficacia de su desmaquillante, sus ojos todavía se veían ligeramente pintados. De una bolsa de plástico sacó una bolita de algodón rosada y le puso unas gotas de Eye Makeup Remover. Una vez retirado todo el rímel y las pocas sombras que aún le quedaban sobre los párpados, sus ojos color cajeta envinada se le hicieron chiquitos, chiquitos. Así de desnuditos, súbitamente adquirían una mirada de niña inocente y tristona. El cuello redondo y blanco de su camisón le daba un aire de colegiala.

Entre todos los envases de la línea de cosméticos de La Prairie buscó la botella de Cellular Refining Lotion, "In-dis-pen-sa-ble para depurar, reafirmar y refrescar el cutis, además de que sirve para sellar la humedad de la piel", le había dicho en tono contundente la vendedora de la perfumería en París. Cuando las demostradoras le explicaban a Sofía cómo usar cada uno de los productos, las escuchaba con la misma fe que le inspiraban las monjas de su colegio. Conforme le iban exponiendo cada uno de los pasos a seguir, con aire solemne y respetuoso asentía con la cabeza, como si se tratara de un asunto de vida o muerte: "Estos componentes e-sen-cia-les de la fórmula del Skin Caviar transportan sus activos antienvejecimiento a las zonas más frágiles de la epidermis, y se funden en ella para reestructurarla. Las pruebas científicas así lo han demostrado". Cuando la señorita le aclaró que el Skin Caviar atenuaba las líneas de expresión, Sofía le preguntó:

—¿Todas? ¿También las más antiguas? Es que fíjese que yo soy de lo más expresiva del mundo —le comentó.

—Reestructura desde el interior, haciendo lucir la piel más resistente y más joven. Pero lo que es más importante, retarda los efectos del envejecimiento —le aseguró la vendedora.

Aunque el producto costaba ciento treinta y siete dólares, la idea del "anti-en-ve-je-ci-mien-to" había sido suficiente para convencer a Sofía. Después de los veintiún días que duraba el tratamiento, estaba segura que se vería de 32 años.

Con todo cuidado, Sofía tomó varias perlitas nacaradas, las puso en el centro de la almohadilla de aplicación y luego presionó para liberar el líquido que contenían. Enseguida se lo pasó por la cara y por el cuello.

—¿Y qué vamos a hacer con esas patas de gallo? —le había preguntado la vendedora entre solidaria y profesional, para decirle inmediatamente—: *Ne vous inquiétez pas*. El compuesto celular de esencia de Skin Caviar para el área de los ojos es un tratamiento que le ayuda a dar un aspecto más firme, entonado y de nueva textura a esas pequeñas líneas. Cada mañana y cada noche, después del desmaquillante para los ojos, según se requiera, ponga una gotita en el dedo anular y aplíquela con toquecitos bajo el ojo, desde la esquina interior hasta la exterior, continuando hacia arriba hasta el párpado, a lo largo del hueso de la ceja. Esta misma operación la repetirá en el otro ojo.

Tal como se lo había explicado la vendedora, Sofía ejecutaba la lección como la perfecta alumna que nunca fue.

Como si todavía fuera una niña, a Sofía le encantaba que le explicaran todo: las películas de Bergman, el periódico, un artículo de Carlos Monsiváis, el funcionamiento de los motores de coche, los chistes complicados, las alzas y bajas de la Bolsa, los rumores políticos, las reglas de un partido de futbol, los casos de la vida real, la Historia Universal, las novelas de Kundera, el negocio de su marido, etc. "Ay, Sofía, a veces creo que finges demencia", le decía Fernando. En efecto, cuando le convenía, Sofía era distraída y olvidadiza. Sin embargo, había cosas que no olvidaba jamás, a pesar de que habían sucedido mucho tiempo atrás. Por ejemplo, qué les habían servido de cenar en casa de Fulanita; qué llevaba puesto Zutanita la vez que se la encontró en el Champs Elysées; el chisme que le contaron en el entierro de su tía Clarita; cómo había hecho dinero la familia de Ana, una de sus mejores amigas; quién había vivido en la casa de Paseo de la Reforma que ahora era el estacionamiento de Aeroméxico; quién había sido novio de tal en equis año; cómo eran las tardeadas del Jockey Club en los sesentas; cuál era exactamente la decoración de los cuartos del hotel Plaza Athénée; en qué número de la revista *¡Hola!* había salido la muerte del marido de Carolina de Mónaco; las fechas precisas en las que Legorreta había entrado y salido de la cárcel; cómo estaba el peso en relación con el dolar, más la hora y fecha en que López Portillo había nacionalizado la banca, etcétera, etcétera. Sin embargo, para la vida de todos los días, Sofía era sumamente distraída. ¿Cuántas veces no olvidaba en el interior de la cajuela la compra del supermercado, volviendo a hacer las mismas compras al otro día? ¿Cuántas veces, en lugar de llevarse su celular, había salido de su casa con el control remoto de la televisión? ¿Cuántas veces en su chequera, en lugar de restar, sumaba? Cuando escribía cartas al *camp* donde se encontraban sus hijos, ¿cuántas veces no olvidaba cerrar los paréntesis que abría? ¿Cuántas veces no perdía el boleto del estacionamiento, las facturas, las circulares de los colegios de sus hijos? Cuando

estaba a punto de salir, nunca encontraba su bolsa, las llaves del
coche, etc., etc. Sofía era completamente negada para la com-
prensión de cualquier tipo de instructivo. En ocasiones, esto la
exasperaba, ya que tenía que depender cien por ciento de los
demás. Por ejemplo, cuando quería calentar algo en el horno de
microondas Kenmore, invariablemente le tenía que preguntar a
alguna de las sirvientas qué botones oprimir, si el *cook control*
o el *start*. Lo mismo le sucedía cuando quería poner un video en
su VHS o cambiar del cable a la parabólica.

—Ay, mamá, ¿cómo es posible que después de tantos años
todavía no sepas poner un video? ¿Por qué no lees las instrucciones? —le decían sus hijos.

—Ay, niños, compréndanme por favor. Yo me quedé en la
época del tostador.

¿Cuántas veces había echado a perder secadores de pelo,
tubos eléctricos, celulares, *compacts,* controles de televisión,
extractores de jugo, sandwicheras, cámaras de fotografía, des-
pertadores automáticos, etc., por no haber comprendido correctamente la manera de utilizarlos?

Cuando adquirió su teléfono celular NEC modelo P 400 con
un peso de 220 gramos y 15 centímetros de alto, "lo más avan-
zado para estar en comunicación con el mundo de los negocios
y el mundo personal", dudó en comprar ese modelo. Las expli-
caciones del dependiente para utilizar la memoria le parecieron
complejísimas. De todo lo que le dijo, lo único que entendió fue:
"Cabe hasta en la bolsa de noche más pequeña". Enseguida se
acordó de "la monaducha" de su bolsita de terciopelo Yves Saint
Laurent. Pero lo que la convenció por completo fue que esta
maravillita tenía hasta ciento veinte minutos de llamada conti-
nua o veinticuatro horas en *stand-by*. Asimismo, se animó por
los accesorios: las baterías, el cargador de viaje, el cargador
rápido, las antenas portátiles, las notas adhesivas para el automóvil, el estuche, los audífonos celulares, mismos que le permitían hacer uso del concepto *"Hands free and eyes free"*. "¡Qué

maravilla! ¡Mientras hablo voy a estar *free as the wind blows, free as the grass grows!*", pensó divertida. Cuando le presentaron su voucher, no quiso ver el total. Temía que al verlo tan elevado terminara por regresar algunos accesorios; por eso, nada más se limitó a firmar, absolutamente confiada en la buena fe del vendedor. Pero antes, se aseguró que el mismo empleado le marcara en la memoria de su celular algunos números de teléfonos. Para identificar los dos de su casa, hizo que pusiera *"Home I "* y *"Home 2";* al de su mamá le puso *"Mami";* al de su hermana consentida *"Sister";* al de la oficina de Fernando *"Fer";* al de la tintorería *"Laundry";* al del coche de la casa *"Taurus";* al del salón *"Beauty",* etc. A los números de sus amigas les hizo poner las iniciales de sus nombres y apellidos. Más de una hora tardó el pobre vendedor en entenderle la ortografía correcta de los nombres en inglés y en cumplirle todas sus exigencias, pero como se había tratado de una excelente clienta lo había hecho con gusto.

Mientras se daba los últimos toquecitos bajo el ojo izquierdo, salió del baño y se paró frente a la televisión. Ahora en la pantalla un dentista auscultaba la dentadura de su paciente. Dos minutos después, el doctor y la señora se empezaban a besar. "Estos gringos, ya ni saben qué inventar", se dijo Sofía con la cara más limpia e hidratada. "La cronobiología ha demostrado que la piel se comporta de forma diferente en el día y en la noche. En la noche, exenta de las agresiones externas, la piel se recupera y se reconstituye, ya que la renovación celular es más rápida que durante el día. La noche es entonces el momento ideal para aplicar un producto cosmético."

Sentada a la orilla de la cama con los ojos bien abiertos, Sofía no se perdía detalle de todo lo que sucedía en aquel supuesto consultorio. *(Cosmopolitan:* "La nueva técnica sexual: Parte del secreto está en la posición... Una vez que tú y tu pareja hayan aplicado la técnica del alineamiento de los cuerpos a la perfección, la practicarán ¡toda la vida!"). De pronto llamaron a la puerta. *"Oh, my God!"*, exclamó sobresaltada, tal y como si la hubieran cachado con las manos en la masa...

—*Room Service* —se oyó del otro lado de la puerta.

—*I'm coming!*

Cerrándose todavía más el cuellito de su camisón, abrió e hizo pasar al mesero.

—*Good evening. Where do you want me to put the tray?*

—*You can put it on my bed. Thank you very much.*

Con todo cuidado, el camarero puso la charola sobre la cama y le extendió la nota y una pluma para que firmara. En tanto que ponía su nombre, el mesero miró de reojo hacia el televisor. Sofía se dio cuenta y sintió que se le venía el mundo encima. "¡Qué horror! ¡Híjole, qué va a pensar de mí! ¡Qué pena!" Después de haber hecho un verdadero garabato, le regresó la nota.

—*Thank you* —le dijo, sin verlo a los ojos. Pero ¿por qué diablos no se iba el mesero?

—*May I have my pen, please?* —murmuró de repente.

Claro, Sofía no le había devuelto su pluma.

—*Oh, I am sorry. Here you are.*

—*Thank you very much* —agregó el muchacho dándose la media vuelta con una leve sonrisa en los labios.

Sintiéndose absurdamente culpable, Sofía cerró la puerta. Se encaminó hacia la cama. Se sentó a un ladito de la charola y quitó el papel de celofán que cubría el plato de frutas. "¡Qué estúpida! Me puse tan nerviosa que ni propina le di." Con la boca llena de cubitos de melón, buscó el control y cambió de canal. "Eso me saco por tener puestos estos programas tan extraños". Desgraciadamente, esa noche la programación no era lo más atractiva del mundo. Había un reportaje sobre las abejas africanas; otro acerca del SIDA; en el siguiente canal, una vieja película de *cowboys* con John Wayne; después se topó con un programa especial que trataba de la tercera edad y en otros aparecían los Juegos Olímpicos de Barcelona 92. Si al cambiar de canal se

encontraba con un anuncio, de inmediato se paralizaba. Para ella
no había nada más seductor y convincente que la publicidad
norteamericana. Las modelos le daban ilusión, la hacían soñar.
"Lo quiero todo y enseguida... todos los días y cuando yo
quiera", parecían decir sus ojos. Allí, en esa realidad bis, todo lo
que brillaba sí era oro. Allí, en ese mundo, sí existía la felicidad.
Allí todos podían ser ricos y comprarse muchas cosas. Allí todos
eran libres y sanos. Sofía creía más en la publicidad que en el
Partido Revolucionario Institucional, no obstante ser priísta de
hueso colorado.*

Después de haber visto, como hipnotizada, anuncios y más
anuncios de productos para adelgazar, jarabes, cereales, automóviles, cigarros, aguas de colonia, bebidas alcohólicas, champús, finalmente Sofía optó por un canal cubano, donde se reali-
zaba una entrevista al dirigente de organizaciones anticastristas.
Sofía miraba el programa intrigada. "¡Qué padre que ya se están
organizando! La verdad es que no me explico cómo, estando los
cubanos tan cerquita, no se vienen todos los que quedan en la
isla. Han de ser masoquistas. Bueno, en realidad los que se
quedaron son los negros y mulatos. O sea, el pueblo. Los que
viven aquí ya la hicieron. Hablan un inglés perfecto. Todos
tienen su supernegocio, una supercasa, un supercoche; sus hijos
han ido a superuniversidades y se han casado superbien, para
después vivir como marqueses en una ciudad tan bonita... ¿Qué

---

* "Moda y dinero, he aquí la fórmula contemporánea de felicidad: la utopía, el sueño
del capitalismo. Dinero y moda aportan seguridad y, con ella, un nuevo concepto de
libertad: aquel que anhela la seguridad total y desprecia el riesgo; aquel que, en el deseo
de belleza total, la encierra en pautas controlables por el dinero; aquel que busca la
juventud total y olvida que la muerte es parte de la vida; aquel cuyo objetivo es la riqueza
total, el consumo como obra de arte y la felicidad del derroche. Una felicidad en
exclusiva para el individuo que esté dispuesto a aceptar este paraíso. Un paraíso
democrático, para todos los que acepten las normas. Moda y dinero, una utopía sólo
alcanzable en el tópico total. ¿Un ideal igualitario? Desde luego, se trata de repartir este
tipo de riqueza: todos iguales en el lujo, en el derroche, en el sucedáneo, en la obra de
arte de la compra y la venta. ¿Quién se atreve a rechazar este nuevo uniforme de la
personalidad?" Margarita Rivière, *Lo cursi y el poder de la moda*, Espasa-Calpe,
Madrid.

más quieren?", se preguntaba Sofía en tanto terminaba los últimos pedacitos de una piña seca y desabrida. Una vez concluido
el programa, apagó la televisión. Levantó la bocina del teléfono
y llamó a la recepción para pedirles que por favor la despertaran
a las ocho y media. Apagó la luz.

Desde que Sofía era una niña, tenía por costumbre rezar todas
las noches. "¿Por qué rezas? Para mí que esas monjas te trauma-
ron", le dijo una noche su marido. La verdad es que Sofía
ignoraba por qué lo hacía. Tal vez era una manera de expiar sus
culpas, de acompañarse o de llenar un hueco que tenía por allí y
por el cual a veces le daba miedo asomarse. "Dios te salve
María, llena eres de gracia. El Señor es contigo y bendita eres
entre todas las mujeres." De pronto se distrajo: "Mañana sin
falta regreso esa falda. Estoy segura que jamás me la voy a
poner. Después de hacer mi petaca, voy al *mall* y antes de ir al
salón la cambio. Al fin que mi avión para México sale hasta las
cuatro veinte de la tarde".

Bueno, pero Sofía ¿no lee? "Esporádicamente", como ella
misma decía. Para su viaje a París se había llevado una biografía
de Cristóbal Colón de Samuel Eliot Morrison, un libro sobre la
educación de los adolescentes y *El amante* de Marguerite Duras.
Más que de los libros, era apasionada de todo tipo de revistas.
Dos veces por semana iba a Sanborns Palmas y compraba varias
publicaciones. Hasta doscientos mil pesos se llegaba a gastar
entre revistas de decoración, de nostalgia, de psicología, de
cocina, de modas, de coleccionistas, etc. Algunas veces se ani-
maba a comprar *Vuelta* y el semanario *Mira*. Sin embargo,
nunca le alcanzaba el tiempo para leerlas.

Pero sin duda su consentida era *¡Hola!* No había semana en
que no la comprara. Uno de sus mayores orgullos era su colección, comenzada hacía más de cinco años. En algunas ocasiones
hojeaba los números atrasados y siempre concluía pensando:
"¡Cómo da vueltas la vida! Hace apenas un año Lady Di era la
princesa más feliz del mundo, y ahora resulta que es la más

infeliz". Esta revista se había convertido en un álbum familiar...
A través del tiempo todos esos personajes como el Duque de
Cádiz, el Rey Juan Carlos, Isabel Sartorius, Julio Iglesias, Isabel
Pantoja, Carolina y Stéphanie de Mónaco, Carmen Rossi, Isabel Preysler, Diana Spencer, Marta Chavarri, la Condesa de
Romanones formaban parte de su propia historia. Sabía todo de
ellos: sus gustos, problemas, metas, frustraciones, alegrías, penas del corazón, etc. En las reuniones sociales los nombraba
como si de niña hubiera compartido sus juegos: "Ya Carolina
está saliendo mucho más que antes. Ay, oye, es que desde que
murió el pobre de Stefano la verdad es que no veía su suerte. ¿Se
enteraron que la Iglesia ya anuló su ex matrimonio con Philip-
pe?". Viendo fijamente las fotos creía que terminaría pareciéndo-
dose a una de las princesas de Mónaco.*

Faltaban quince segundos para las 8:30 cuando sonó el teléfono en el cuarto 606.

—*Good morning. It's eight thirty.*

Estaba tan dormida Sofía, que al levantar la bocina dijo.

—Mil gracias.

Colgó y con los ojos cerrados hizo un esfuerzo por acordarse
de lo que estaba soñando cuando sonó el teléfono. Durante la
noche había tenido insomnio, pensando en todo lo que había
gastado tanto en París como en Miami. Dos veces hizo el intento
de levantarse para juntar todos sus vouchers y hacer la suma de
sus gastos, pero no se atrevió. "Ay, Fer me va a matar. ¡Qué
horror! Pobrecito, y en estos momentos que está tan gastado con
lo de la casa de Valle. La verdad es que no me mido; pero eso
sí, llegando a México hago un *garage-sale* y vendo toda mi ropa

---

* "El Superyo se presenta actualmente bajo la forma de imperativos de celebridad,
de éxito que, de no realizarse, desencadenan una crítica implacable contra el Yo. De este
modo se explica la fascinación ejercida por los individuos célebres, stars e ídolos,
estimulada por los *mass media,* que intensifican los sueños narcisistas de celebridad y
de gloria, animan al hombre de la calle a identificarse con las estrellas, a odiar el
'borreguismo', y le hacen aceptar cada vez con más dificultad la banalidad de la
existencia cotidiana." Gilles Lipovetsky, *La era del vacío,* Anagrama, Barcelona.

vieja. O si no, vendo mi computadora Compaq, al fin que
todavía no la sé usar. Estoy segura que ya recibió el estado de
cuenta de American con lo que gasté en París. Ya me imagino la
cara de horror con la que me va a recibir en el aeropuerto.
¡Híjole, a lo mejor también ya recibió lo de Banamex! Bueno,
ésa siquiera está en pesos mexicanos", pensaba sin poder dormir.

Y cuando por fin lo logró, tuvo un sueño extraño. Se veía ella
misma como televidente, actuando dentro de un video porno.
Llevaba puesta la falda azul talla 8, que había comprado en la
boutique de Versace, que la hacía ver demasiado entrada en
carnes y muy atrevida. Su pareja de actuación era el señor que
le había vendido la petaca. Se encontraban haciendo el amor en
la bodega de Saks. Después se veía Sofía tratando de correr lo
más rápidamente posible, como si estuviese huyendo. Sin embargo, la estrechez de su falda se lo impedía. El empleado la
alcanzaba y le arrancaba la falda y la blusa. Después de muchos
esfuerzos, finalmente llegaba hasta las puertas de salida. Estaba
completamente desnuda y sofocada. Pero por más que intentaba
abrir las puertas, no podía, estaban cerradas. "*I'm sorry, we are
closed* ", le decía el empleado detrás de ella, muerto de la risa.

Sofía creía en los sueños porque, como le había explicado una
vez su terapeuta, "durante el sueño nuestra mente se llena de
imágenes que son símbolos con un significado particular. En
otras palabras, son mensajes que de alguna manera nos está
enviando el subconsciente". Por esta razón, en su pequeño
librero de la recámara tenía varias obras y diccionarios sobre
interpretación de los sueños. Si Sofía hubiera podido consultar
el libro de Emilio Salas, *El gran libro de los sueños,* hubiera
leído: "Un sueño bastante corriente es el que consiste en correr,
ya sea para prevenir alguna desgracia o para huir de un peligro,
pero o no logramos avanzar, o el camino se halla cortado, o
aparecen abismos, charcas, puertas cerradas u otros obstáculos
que hay que superar. Estos sueños suelen ir acompañados de una

sensación angustiosa y reflejan estados de incertidumbre, miedos exagerados o estado de agotamiento nervioso, por lo que de presentarse uno de estos sueños lo más prudente es vigilar la salud, tanto física como emocional. Es importante hacer notar que si somos nosotros quienes corremos desnudos, presagia infidelidad del cónyuge". Afortunadamente, Sofía nunca cotejó lo que significaba correr, ya que por desgracia el señor Salas tenía razón: Fernando tenía otra relación, que también le costaba mucho, pues se trataba de alguien tan consumista como la propia Sofía. Lo único que las diferenciaba es que a la "otra" no le había dado tarjetas de crédito: ni de Carnet ni de Banamex, y mucho menos American Express.

Sofía pidió su desayuno al *Room Service,* se bañó y, envuelta en una gran toalla, empezó a meter las cosas que había comprado en Miami en su nueva petaca. Mientras lo hacía, veía en la televisión unas clases de gimnasia: *"And one, and two, and three, and four, and five. O.K., let's do it again",* decía el maestro, abriendo y cerrando sus brazotes llenos de músculos y sus piernazas ante un grupo de jóvenes muchachas bronceadas y en bikini, con tipo de Chicacosmos. Sofía miraba sus cuerpos sanos, firmes, con los vientres bien planos, y se dijo que llegando a México dedicaría mucho más tiempo a trabajar en su bicicleta fija.*

Una vez terminada su maleta, se vistió. Se puso unos pantalones negros Thierry Mugler, que la hacían verse más delgada, y su blusa nueva de Versace. Como estaba un poquito arrugada, se le hizo que era una oportunidad para estrenar su plancha desarrugadora Dress Fit Plus, de Rowenta (60 dólares). Mientras se estaba poniendo su crema hidratante Yves Saint Laurent,

---

* "Para la cultura del mundo actual, lo más importante es la apariencia. La ley de la seducción ha remplazado para muchas mujeres los mandamientos de una religión. Hoy por hoy, para una mujer occidental nacida en un país evolucionado y perteneciente a una clase privilegiada, el pecado más grande es ser vieja, fea y gorda." Claire Gallois, *Les heures dangereuses,* Grasset, París.

la misma que anuncia Catherine Deneuve diciendo: "Allí donde
hay belleza, hay vida. Y éste es el principio esencial...", tocaron
a la puerta. "Ay, no vaya a ser el mismo señor que ayer, porque
me muero de la pena". Pero, *thanks God,* se trataba de otro
mesero, que le traía el yogur natural, jugo de naranja y té negro.
Esta vez Sofía sí dio una buena propina y unas efusivas gracias,
como si le hubiera anunciado que acababa de ganar en la campaña de Firme y Gane con Banamex. ("En sus compras diarias
y de siempre, cada vez que usted firma con su Tarjeta Banamex
participa en el sorteo semanal, donde puede ganar la cancelación
total de su deuda o abonar en su cuenta muchos millones en
premios. ¡Sólo Banamex lo premia así!")

Después de haber desayunado de pie y con cierta prisa,
continuó con su maquillaje. Enseguida del *make-up* Chanel, del
polvo y de las sombras, "la suavidad satinada, con matices muy
personales", se puso su 2000 Calorie, rímel de Max Factor.
Aunque no les tenía mucha confianza a los maquillajes norteamericanos más bien *cheap,* como ella pensaba que era Max
Factor, había algo en su publicidad que la había conquistado:
"¡Lo único que engordará son tus pestañas! 2000 Calorie no
mancha ni se desprende. Tiene un cepillo especial antigrumos
que permite una aplicación suave y sin excesos. Engorda, alarga,
separa y enchina tus pestañas. Es hipoalergénico y está oftalmo-
lógicamente probado". Por último, con un pincelito se pintó la
boca con *Rouge Extrême,* también de Chanel: "el efecto más
satinado. El resplandor durable". Por último, le faltaba el perfume. C'est la vie!, de Christian Lacroix. Se miró detenidamente
en el espejo. Y ¿saben qué? ¡Se gustó! ¡Qué diferencia! Gracias
a los efectos del maquillaje se le había quitado la cara de
ombligo que tenía al levantarse. Gracias a la ciencia de los
laboratorios dermatológicos, ya no se le veían sus imperfeccio-
nes, ni sus poros abiertos, ni sus ojos inexpresivos, ni mucho
menos su verdadera edad. Ahora sí estaba lista para comerse el
mundo. Tomó la bolsa de Versace con su falda y salió del cuarto.

En el elevador, una señora de unos 60 años le hizo ver que, del cuello de su *lovely* blusa, se le asomaba la etiqueta con el precio. Como Sofía estrenaba constantemente, esto le sucedía con mucha frecuencia. Cuando compraba, una de sus frases típicas era: "Me lo llevo puesto", como también se llevaba puesta la etiqueta magnética que le ponen a la ropa como medida contra robos. ¿En cuántas boutiques había hecho sonar la alarma por atravesar las puertas con su compra puesta?

Llegando a la de Versace, donde por cierto le elogiaron mucho cómo se le veía su blusa, explicó a la empleada que deseaba regresar la falda, ya que al llegar a su hotel se había acordado que tenía una casi igualita y que encontraba ridículo no tener algo más novedoso de una firma tan prestigiada. *"But of course";* y por la misma cantidad se llevó un cinturón y una playera sin mangas.

A las 12 había hecho su cita en el salón. Sofía sólo era puntual cuando se encontraba en el extranjero. Decía que cuando viajaba ponía más atención "para no poner en mal el nombre de México". Al llegar al *beauty parlor,* enseguida la saludaron por su nombre.*

Christian, el mismo que la había peinado tres días antes, se ocupó de Sofía. Mientras su pelo era lavado muy suavemente, Sofía pensaba que en unas horas estaría de regreso en México. "Ay, ya me muero de ganas de ver a mis gorditos. De ver a Fernando. De sentirme en mi casa, acostarme en mi cama. Desayunar mis deliciosos huevitos rancheros. Comerme unas quesadillas asaditas. Gracias a Dios, a todos les llevo regalos. Ay, qué tonta, los que me faltan son los de las *maids.* A ver qué

---

* "Es imperdonable que alguien entre a un comercio y nadie lo salude. Es el beso de la muerte. ¿Por qué? Porque las clientas quieren sentirse reconocidas e importantes. Más de una aficionada a las compras menciona la sensación de importancia que le transmiten los vendedores o empleados. También son conscientes de que los clientes pueden sentirse aislados, de modo que se alienta a los vendedores o empleados a que recuerden sus nombres y establezcan con ellos una cierta amistad." Carolyn Wesson, *Mujeres que compran demasiado,* Paidós, México.

porqueritas encuentro en el aeropuerto. Ay, cómo me gusta que
me laven el pelo. ¡Qué bruto, este Christian tiene manos de
mago! No sé por qué, Lichita siempre me acaba mojando toda
la blusa o el vestido. Ni modo, por más que queramos los
mexicanos, ni de chiste les llegamos a estos cuates tan profesionales..." En tanto, Christian la desenredaba frente al espejo y le
ponía una ampolleta especial para el tipo de su pelo. Después
que le hicieron el *brushing* y le pusieron *spray,* encontró que su
cabellera nunca antes había tenido tanto volumen y brillo. Christian le explicó que se trataba de unos productos ingleses de
marca Graham Webb y que desde Londres se los enviaban en
exclusiva al salón.

Antes de pagar la nota de setenta y cinco dólares, le preguntó
a la señorita de la caja si podía comprar el champú y el enjuague
que le habían puesto.

—*But of course.*

Previsora como era, no pudo evitar decir:

—De cada uno, déme dos.

Cuando salió del salón eran cerca de las dos de la tarde. A las
tres en punto debía salir del hotel, para estar en el aeropuerto a
las cuatro. Decidió entonces pasear por última vez en el centro
comercial. "Me voy a despedir de él." Sofía era tan materialista
que les hablaba a las cosas. Por ejemplo, si estaba a punto de
quedarse sin gasolina, le suplicaba a su Jetta automático: "Ay,
cochecito lindo, no me vayas a dejar botada por allí. Ya sé que
no te cuido mucho, pero te prometo que mañana te mando a un
chequeo completísimo a Ola Polanco. Nada más dime: ¿qué
haría sin ti, cochecito? Te juro que no podría vivir. Ya casi
llegamos a la gasolinera. Nada más faltan unas cuadritas..." Y
así seguía platicándole hasta que por fin llegaba a cargar gasolina.

Una de las tantas obsesiones de Sofía eran sus hombreras.
Nunca de los nuncas salía sin ellas. "Son mis mejores amigas.
Las adoro", decía. Desde que se empezaron a usar se fue hacien-
do de una extensísima colección, no obstante que todos sus

vestidos, blusas y sacos tenían sus propias hombreras. Las tenía en todos colores, tamaños, volúmenes y texturas. Tanto dependía de ellas que incluso a sus camisones, batas y rebozos de seda les hacía coser un par de hombreras. "No me da pena reconocer que me dan seguridad. Me hacen sentir importante. Son como *my security blanket*. Además, te hacen ver con más cintura y más delgada", le dijo un día a una amiga que le hacía burla de sus "famosas" hombreras.

Pero, desafortunadamente, las hombreras no siempre le causaban satisfacciones a Sofía. A veces, por su causa le ocurrían situaciones sumamente embarazosas. Como, por ejemplo, aquella vez, mientras visitaba el Museo Metropolitano de Nueva York: de pronto se le acercó un señor muy elegante y le dijo: "Perdóneme, señora, pero me temo que dejó usted caer algo justo enfrente de aquel mueble de la Dinastía Ming". En efecto, se trataba de una de sus hombreras, que yacía como un cuerpo extraño en medio de aquella maravillosa sala de arte de Extremo Oriente. Lo mismo le sucedió en el departamento de perfumería de Liverpool.

A veces estas hombreras también eran sus fieles interlocutoras: "Ay, hombreritas, esta noche me tienen que hacer lucir guapérrima". Les hablaba muy quedito antes de colocárselas. Cuando regresaba tarde de una fiesta, era lo primero que se quitaba, diciéndoles: "Que pasen ustedes muy buenas noches y hasta mañana". Por absurdo que parezca, Sofía era capaz de distinguir entre la hombrera izquierda y la derecha. Algunas veces le brindaban momentos muy gratificantes. Cuando ella y su hija iban al cine, esta última, con toda confianza, recostaba su cabecita sobre una de las hombreras de su mamá, a sabiendas de que encontraría una almohadita cálida y confortable.

—Te deberías de operar y ponerte una prótesis, haciéndote unos superhombros —le dijo una vez su marido.

—¡Estás loco! Jamás las abandonaré —respondió ella.

Corriendo llegó al hotel a las dos y media. Pidió la nota de su cuarto, un botones para que fuera a buscar las petacas y un taxi para las tres de la tarde.

En el elevador se acordó que se le había olvidado comprar unas medias negras de red que vio en Saks. "A ver si las encuentro en México", se dijo no muy convencida. "Ya no me va a dar tiempo de comer. Ni modo". Cuando abrió la puerta de su habitación, sintió tristeza de dejarla. Se dirigió al baño y guardó todas sus cremas en una gran bolsa escocesa de cosméticos. Como solía sucederle, olvidó guardar su cepillo de dientes, la pasta y un champú de papaya que había dejado al borde de la tina. "Sofía, que no se te olvide el camisón que está colgado en el perchero", tuvimos ganas de decirle justo antes de que saliera del baño. Pero... ¡láaaaastima! ¡También se le olvidó! Llegando a México, exclamaría lo acostumbrado: "¡Qué estúpida, se me olvidó mi camisón!". Antes de dejar la habitación, hizo lo que siempre hacía su marido cuando dejaba el cuarto. Revisó el cajón de las mesita de noche, miró por debajo de las camas, el basurero y el clóset. No, no, según ella no olvidaba nada. ¿Y el camisón? Seguía allí, lánguida y tristemente colgado del perchero. Si hubiera podido hablar a su vez, como Sofía acostumbraba dirigirse a las cosas materiales, tal vez le hubiera dicho: "Ey, aquí estoy. Por favor, no me abandones en este baño tan húmedo". Estaba cerrando el último cajón del armario cuando llamaron a la puerta. Era el botones, que venía con su carrito a buscar las petacas.

—*Six pieces?* —preguntó algo incrédulo.

Sofía asintió con la cabeza.

"I'm sure she's Mexican. Only Mexican people spend that much. They are so rich!", pensó el empleado mientras esperaba el elevador.

Antes de partir, Sofía se miró en el espejo del tocador, enseguida en el del baño (tampoco esta vez le lanzó una miradita a su pobre camisón) y salió del cuarto. Mientras caminaba por el corredor pensó en el total de la nota del hotel. "Bueno, siquiera no tomé muchas cosas del servibar." Una vez en el elevador, se miró con más detenimiento en el espejo. "¡Qué bruto, estas cremas me han hecho un bien...! Espero que Fer note *the difference*".

Sofía llegó hasta el *desk* y con voz de señora rica, guapérrima y muy bien vestida, pidió su cuenta. Dos minutos después leía: "*balance due*: $1 230".

—¿¿¿¿¿Quééééé???? —gritó en español.

(Curiosamente, la factura del hotel le parecía excesiva, no obstante que podía pagar con toda tranquilidad cantidades superiores por una blusa.)

—Mil doscientos treinta dólares —respondió el señor con toda amabilidad, también en español, a la súbita pregunta de Sofía.

¿Cómo era posible que fuera esa cantidad si nada más se había quedado dos noches y tres días, si no había tomado prácticamente nada del servibar, si no había ido al salón del hotel, si todas las llamadas telefónicas de larga distancia las había hecho por cobrar, si al *room service* nada más había pedido cosas de dieta, si no había mandado nada a la tintorería y si el cuarto, por noche, nada más costaba ciento noventa dólares? No, no era posible.

—¿Por qué, señor? —preguntó muy a pesar suyo. Ya para esos momentos se le había olvidado el inglés, su *look* tan sofisticado y su voz de señora rica.

—Tranquilícese. Permítame revisar su cuenta en la computadora; tal vez exista un error por nuestra parte.

Pero la computadora no se equivocaba. En la pantalla aparecía todo, absolutamente todo lo que Sofía había consumido desde el primer minuto. Allí estaban los ochenta y cinco dólares de la farmacia, donde compró el champú y el enjuague de papaya, limas, acetona, algodón, esmalte para las uñas, una revista *Vogue*, un Milky Way bajo en calorías, etc. También aparecía la cenita con una copa de vino que había hecho en el restaurant la noche de su llegada; tres desayunos; dos malteadas; y $7.80, $7.80, $7.80. ¿Qué eran todos esos 7.80? Era nada menos que la renta de los videoclips pornográficos que había visto, sin nunca haber reparado en que se cobraban aparte. Su costo por cada 15 minutos era de 7.80 dólares, cantidad que aparecía en la computadora y en la cuenta más de diez veces. Cuando el señor le aclaró a qué se debían todos esos 7.80, Sofía se quiso morir. Con cara de absoluta culpabilidad, sacó su tarjeta y pagó.

Durante el trayecto al aeropuerto, a través de la ventana del taxi, los ojos de Sofía veían con cierta languidez las copas de las palmeras balancearse por la brisa; las casas pintadas en color pastel; las entradas de estilo un poco *kitsch* de algunos hoteles de tres estrellas; avenidas por donde transitaban convertibles último modelo, y terrazas de restaurantes con gente vestida demasiado informalmente. Sofía tuvo la sensación de que todo ese paisaje en realidad no existía, de que se trataba de una escenografía, de una típica película norteamericana de los cincuenta. Poco a poco se fueron alejando de Miami Beach, dejando atrás decenas de espléndidos rascacielos, bancos, casas de bolsa, hospitales, clínicas donde se opera la nariz en tan sólo una tarde y en donde se puede rejuvenecer de entrada por salida.

Finalmente llegaron al aeropuerto. De inmediato se acercaron a Sofía dos maleteros negros. Se veían "los pobres, tan buenas personas y amables", que les pidió a ambos que la ayudaran con su equipaje. Como una verdadera reina, seguida por sus dos siervos empujando sendos carritos con su equipaje, Sofía caminaba feliz por el extenso corredor del aeropuerto. ¡Cómo le hubiera gustado encontrarse con una cámara fotográfica de la revista *¡Hola!*, escondida detrás de una de las columnas, para que la captara en esos momentos de verdadero éxtasis! ¡Tal vez la fotografía hubiera sido elegida para ser publicada en el mismo número donde apareciera Julio Iglesias, allí mismo, en su casa de Miami! Pero no, no había ningun fotógrafo; lo que había eran centenas de personas que iban y venían agitadas buscando sus respectivas líneas de aviación. Leyó a lo lejos: Aeroméxico. Frente al mostrador se encontraba una cola inmensa de pasajeros, cuyos rostros de dolor de estómago delataban algo anormal. ¿Por qué? Porque ellos ya sabían que el vuelo tenía dos horas de retraso. Y claro, cuando Sofía se enteró, se dijo furiosa: "No me sorprende, tenía que tratarse de un vuelo mexicano. ¡Híjole, y pensar que pude haberme quedado más tiempo en el *mall* y comer allí en el cafecito italiano! Ay, qué coraje".

Efectivamente, el vuelo de Aeroméxico AM 413, que normalmente debía partir a las 16:20 horas saldría hasta las 18:20. ¿Qué diablos iba a hacer Sofía durante más de dos horas en ese inmenso aeropuerto? Primero hablar a su casa: "Por favor, le avisas al licenciado que el avión se retrasó dos horas. Dile también por favor a Chucho que venga al aeropuerto con la camioneta Taurus. Es que llego con mucho equipaje. ¿Cómo están los gordos?". (A pesar de que el mayor ya tenía 20 años, la segunda 17 y el tercero 15, Sofía continuaba llamando a sus hijos "gordos".) "¿No están? Bueno, pues también le avisas a Fernandito, para que si no puede pasar su papi por él y sus hermanitos, que se vengan con Chucho. Que no se vaya a venir con mi Jetta. Ni que tampoco venga con su Volkswagen. Ellos se pueden ir con Chucho. ¿Me entendiste? ¿Apuntaste todos mis recados? ¿Tengo muchos? Bueno, luego me los das. Adiós... Oye, ¿de casualidad no sabes si ya llegó el estado de cuenta de American Express? A-me-ri-can Ex-press. ¿No sabes? Mira, es un sobre amarillo que viene dentro de una bolsita de plástico. ¿No? ¿Estás segura? Pregúntale a la cocinera. Bueno, no importa. Déjalo. Gracias y adiós", dijo Sofía en voz muy alta. "Ay, qué tonta. ¿Cómo no reconoce la cuenta de American Express? Si es muy diferente a las demás. ¡Híjole, es que las *maids* mexicanas a veces son brutísimas!", pensó mientras marcaba, con todo y el número de Lada, el teléfono de la oficina de Fernando. "Martita, ¿cómo le va? Habla la señora. Muy bien, gracias. Todavía estoy aquí. Llego a México dentro de unas horas. Allí le llevo una cosita de nada. No, no es molestia. Nada más faltaba. Oiga, ¿me puede por favor pasar al licenciado? ¿No está? Voy a llamarlo al celular... Bueno, si le llama, le dice por favor que el avión de Aeroméxico tiene dos horas de retraso. Muchas gracias. Adiós."

Enseguida insistió en llamar por el celular de su marido, pero invariablemente una voz le decía: "El número Telcel que usted marcó no está disponible o se encuentra fuera del área de servicio. Le sugerimos llamar más tarde". El celular no mentía. El que mentía era Fernando: precisamente en ese momento, es decir las 3:10 pm hora de México, se encontraba en un condominio muy cálido de la calle de San Borja. ¿Y su celular? Lo había dejado muy guardadito en su estuche en el interior de la guantera del coche. Sofía colgó el teléfono pensando que su marido seguramente estaba en una de esas comidas de negocios in-ter-mi-na-bles. De pronto le dio lástima. "Ay, pobrecito, a veces trabaja tanto. Y todo para que yo gaste como una verdadera enajenada. Juro que llegando a México no vuelvo a gastar ni un centavo."

¿Se dieron cuenta de qué manera Sofía formuló su promesa? Pensó: "...llegando a México no vuelvo a gastar ni un centavo". ¿Por qué no dijo: "A partir de ahora, no vuelvo a gastar ni un centavo"? Porque es obvio que lo que quería Sofía era seguir gastando en el aeropuerto.*

El área del Duty Free comprendía una hilera interminable de boutiques de todo tipo. A Sofía aún le quedaban en su cartera de Louis Vuitton, ciento setenta y cinco dólares. Regresar con ellos a México, además de que pensaba que traía mala suerte, le hubiera parecido inútil y absurdo. Después de haber encargado

---

* "Qué error el haber pregonado precipitadamente el fin de la sociedad de consumo, cuando está claro que el proceso de personalización no cesa de ensanchar sus fronteras. La recesión presente, la crisis energética, la conciencia ecológica no anuncian el entierro de la era del consumo: estamos destinados a consumir, aunque sea de manera distinta, cada vez más objetos e informaciones, deportes y viajes, formación y relaciones, música y cuidados médicos. Eso es la sociedad posmoderna..." Gilles Lipovetsky, *El imperio de lo efímero*, Anagrama, Barcelona.

parte del equipaje que no quiso documentar a una pareja de
compatriotas que había venido a Miami a pasar su luna de miel,
Sofía se dirigió hacia la farmacia. Allí compró tres Instant
Wrinkle Smooth (l0.95 dls). Este producto servía para hacer
desaparecer casi en su totalidad las arrugas alrededor de los ojos,
boca y frente por más de ocho horas. Su acción temporal era casi
mágica. Si, por ejemplo, una se lo ponía a las nueve de la noche,
justo antes de una cena, su efecto rejuvenecedor podía durar
hasta las cuatro de la mañana. En la caja aparecía el rostro de
una modelo, dividido en dos partes. En la de la izquierda *(befo-
re)*, la mujer se veía como de 50 años. En cambio, en la de la
derecha *(after)* aparentaba 30. *"Money back guarantee"*, se leía
en grande. También se llevó tres frascos de vitaminas One a
Day, un desodorante, una bolsa de Milky Ways miniaturas, dos
pomos de crema Noxema, cinco lupas planas para bolsillo
Bausch and Lomb y una cajita de vitaminas para estimular el
crecimiento del pelo. Total: 73.95 dólares.

Después se dirigió a la tienda de aparatos electrónicos. De
repente se acordó de algo en el camino: "¡Híjole, que no se me
olviden los regalos de las *maids!*". Allí compró dos *walkmans,*
uno para la recamarera y otro para la lavandera. A Rosita, la
cocinera, le compró un radio portátil. Y a Chucho, un reloj
computarizado. Pagó con un billete de cien dólares y todavía le
regresaron siete con noventa y cinco centavos. Estaba a punto
de salir de la tienda cuando de pronto vio un anuncio que la
maravilló; decía: *"Anti-Snoring Device Proven Effective"*. ¿Un
aparato que evitaba los ronquidos? ¡Qué maravilla! Fernando,
su marido, era casi perfecto salvo por un pecado horrible: ¡ron-
caba! Sofía había tratado miles de fórmulas para ayudarlo y para
no escuchar aquellos ronquidos que parecían del león de la
Metro Goldwyn Mayer, pero hasta ahora ninguna había sido
eficaz. "¡Estás loca, yo no ronco!", le dijo una mañana, furioso.

Esa misma noche, a Sofía se le ocurrió grabar sus ronquidos
mientras dormía. Al día siguiente le puso la grabación para que

escuchara. "Ay, Sofía, qué payasa eres. Seguramente grabaste
una caricatura en la televisión o a la perra Mimosa mientras
dormía. Esos ronquidos no son míos. Si lo fueran, los reconoce-
ría", le dijo muy irritado. El Snore Stopper era la solución: su
banda elástica, que se ponía alrededor del brazo, contaba con un
audio que captaba los primeros ronquidos, provocando una
suave pulsación de tal manera que, sin despertar al durmiente, lo
hacía cambiar de posición o bien su respiración se regulaba
normalmente. Como ya no le quedaban más dólares, de inmediato Sofía sacó su American Express y con ella pagó 44.95
dólares. Ya que todavía le quedaba mucho tiempo por delante,
se fue a buscar unas revistas.

Después de platicar horas con los recién casados, con un
joven fotógrafo y con un señor canadiense que iba a México a
ver las posibilidades de abrir una fábrica de yogurs, finalmente
Sofía escuchó que el vuelo de Aeroméxico 413 con destino a la
ciudad de México estaba listo para salir.

Poco a poco, los pasajeros fueron tomando sus lugares. A
Sofía le tocó en medio de una norteamericana que llevaba un
bebé y de una adolescente que no dejaba de masticar un enorme
chicle bomba. Y mientras el avión se deslizaba por entre las
nubes, Sofía hojeaba el *¡Hola!:* "Boda de Lady Helen Windsor,
hija de los duques de Kent, y Tim Taylor"; "El mundo católico
pendiente de la salud del Papa Juan Pablo II"; "La princesa
Victoria de Suecia cumplió quince años"; "Alicia Koplowitz
visitó la exposición de Ribera en el Museo del Prado", etcétera,
eran los encabezados de ese número, el 2 503, y que Sofía
repasaba con atención. De repente sus ojos leyeron el siguiente
mensaje: "¿Nalgas de ensueño? Con Up Lift es posible. Up Lift
reafirma las nalgas, las levanta y las moldea. También actúa
contra la celulitis y reafirma la parte interna de los muslos. Con
sólo 6 días de tratamiento de 15 minutos cada uno, se ven los
resultados. Fácil y rápido de usar. Cómodo y seguro. Actúa solo.
Se pueden realizar otras tareas mientras se usa. Funciona con

pilas". Conforme veía la foto de la modelo luciendo realmente unas nalgas de ensueño que, por añadidura, se veían bronceadas, Sofía pensaba en sus propios glúteos. Puesto que ahora ya se podían lograr sin mucho esfuerzo ni gimnasias agotadoras ni dietas, ¿qué esperaba entonces para hacerse de unas nalgas que harían soñar hasta al hombre más indiferente? "Ese producto ya llegó a México. Llegando te lo compras. ¿Te das cuenta que mientras te las está formando, puedes realizar otras tareas? Podrías estar viendo la tele, hablando por teléfono. Hasta podrías ir a tus clases de bridge. ¡Imagínate cómo se te va a ver el traje de baño negro de Eres que te compraste en París!", le decía una vocecita que venía de su fuero interno. Como para no escucharla más, cerró la revista. Echó su asiento hacia atrás e intentó dormir un poquito. "Ay, ojalá Fer haya hablado a su oficina o a la casa. Tengo tantas ganas de verlos. Ay, Dios quiera que todavía no haya llegado el estado de cuenta de American. Hacía mucho no gastaba tanto en un viaje. Bueno, pero lo bailado (comprado), ¿quién te lo quita?"

Sofía era experta en encontrar frases autojustificadoras, sobre todo para disculparse frente a su excesivo consumismo: "Si no es ahorita, ¿cuándo?"; "La vida es demasiado corta"; "Ahora que todavía soy joven, tengo que aprovechar; después ni lucen las cosas"; "Si una no se apapacha, entonces ¿quién?"; "No hay nada como vivir el presente"; "Si no me lo llevo ahorita, me voy a arrepentir"; "El dinero va y viene"; "Es un pequeño gusto que me puedo pagar"; "Y ¿qué tal si mañana me anuncian que tengo un cáncer en la espina dorsal?"; "Si Dios me dio tanto, es para que disfrute todo lo que tengo"; "No hay nada como comprar como rico para que dure como pobre"; "Si siempre compro caro, es porque a largo plazo se gasta menos"; "No dejes para mañana lo que puedas hacer (comprar) hoy"; "Ahorrar es desconfiar del futuro"; "Es preferible ser la cigarra que la hormiga"; "Lo importante no es tener dinero, sino saber cómo gastarlo"; "No sólo de pan vive el hombre", etcétera, etcétera.

—Señora, señora —dijo la sobrecargo a una Sofía completamente dormida—. Le entrego este cuestionario. Es para la aduana en el aeropuerto de México. En cinco minutos aterrizamos.

Como sonámbula, Sofía tomó el papel. Rápidamente bajó la
mesita y se puso a escribir, su nombre, su nacionalidad, número de familiares que la acompañaban, y cuando leyó "Número
de piezas de equipaje", de pronto le tembló la mano. Ese espacio lo dejó vacío. Siguió leyendo: "Si el valor total de los
artículos adquiridos en el extranjero, sin incluir el valor de
los listados en los incisos de la *a)* a la *h)*, y que trae(n) consigo,
EXCEDE los 300 dólares E.U.A. por persona a los que us-
ted(es) tiene(n) derecho en el inciso *i)*, indique el monto exce-
dente".

En esos momentos dudó, se preguntó y, con la pluma Mont
Blanc que llevaba sus iniciales doradas inscritas en el tapón,
terminó por poner una crucezota. "Si al pasar la aduana me toca
luz verde, ya la hice. ¡Híjole, pero si tengo la mala suerte de que
me toque roja, voy a tener que pagar un chorro de impuestos! Y
si me preguntan por qué puse la cruz, pues les diré que no
entendí el cuestionario. Les diré que no sé ni leer ni escribir. No,
eso no me lo van a creer. Les diré que no veo bien porque tengo
catarata. No, eso tampoco es muy creíble. Bueno, pues a ver qué
se me ocurre. Y si me preguntan por qué llevo tanta ropa, les diré
que se trata de muestrarios que llevo para que los copien costureras mexicanas, porque yo sí creo que lo *Made in Mexico* está
bien hecho. O bien, les diré que coso ajeno y que toda la ropa de
mis clientas me la llevé para arreglarla durante mis vacaciones.
No, mejor les diré que por fin regreso a mi país después de un
exilio de más de cuatro años. No, mejor les diré que es ropa
vieja, pero que sufro de una enfermedad en la piel que me obliga
a cambiarme cada diez minutos. Lo que también puedo decirles
es que tengo muchas hermanitas que viven en la peor de las
miserias y que a cada una de ellas le traje como regalo cinco
vestidos."

Así pensaba en tanto el avión se disponía a aterrizar. Siempre que Sofía se encontraba en una situación incierta o difícil, sentía un fuerte impulso por recurrir a su viejo Ángel de la Guarda. Tanto le habían hablado de él que de niña creció con la certidumbre de que un espíritu alado, bueno y puro, debía protegerla a lo largo de su vida de todos los peligros terrestres. Mientras sacaba del compartimento las petaquitas de mano, su espíritu empezó a rezar: "Ángel de mi Guarda, dulce compañía, no me desampares ni de noche ni de día, ni mucho menos cuando pase la aduana...".

En tanto avanzaba la cola para pasar Migración, seguía repitiendo la oración mentalmente. Pero eso no evitaba el shock cultural que solía tener al llegar a la Ciudad de México. "La verdad es que son feos los mexicanos. Ya no me acordaba de que fueran tan morenos, ¡qué horror!", se dijo antes de continuar con la oración y dirigirse en busca del carrito para poner sus petacas. Mientras veía cómo giraba la banda donde se encontraba el equipaje del vuelo de Aeroméxico, miraba de reojo el lugar donde estaban los aduaneros y los semáforos, como si se hubiera tratado de un paredón donde era probable que terminara fusilada si, al oprimir el botón, se prendía la luz roja. Y entre más se acordaba de "Si declara con falsedad incurre en el delito de contrabando y se hará acreedor a severas sanciones económicas y penales", más intensamente rezaba. Tal vez si Sofía hubiera sido un poquito más culta, en lugar de estar rezando a su Ángel de la Guarda, hubiera podido recitar con todo el corazón algo muy adecuado para esas circunstancias: aquel espléndido poema de Federico García Lorca que dice "¡Verde que te quiero verde!" *(Romance sonámbulo)*. No dejaba de pensar en lo que había firmado: "Si declara con falsedad incurre en el delito de contrabando, y se hará acreedor a severas sanciones económicas y penales. Fecha.......... Firma........ Declaro que he leído los derechos y obligaciones y he llenado en forma verídica esta declaración. Pagar impuestos fortalece a México". Cuando puso la fecha, Sofía se sintió en el fondo un poquito contrabandista, pero eso sí, de buena fe...

Una vez recuperadas todas sus maletas gracias al canadiense que la ayudó a colocarlas en el carrito, Sofía respiró hondo y profundo, tragó saliva, se concentró doblemente en su oración y con toda su energía empujó el carro, repleto hasta el tope. Llegando sonrió al personal, los saludó, reacomodó la torre de petacas y entregó el formulario a una señorita.

—¿Quiere usted por favor oprimir el botón?

—Perdón, no le escuché.

—Que oprima el botón para que pueda pasar la aduana.

—¿El botón?

—Sí, señora. El botón del semáforo.

—Ah, claro, el botón. ¡Qué tonta, ya se me estaba olvidando!

—No se preocupe.

—¿Dónde se oprime señorita, por favor?

—Aquí, señora.

Y allí estaba el semáforo amarillo, derechito y firme, esperando impacientemente a que el dedo de Sofía se dignara oprimir el botón.

¡¡¡¡¡Veeeeerde!!!!! ¡¡¡Sí le tocó luz verde!!! ¡¡¡¡Qué suertuda!!! ¿Se dan cuenta si le hubiera tocado rojo? De la que se salvó. Pobrecita, se había preocupado, angustiado y atormentado tanto que seguramente, una vez más, su Ángel de la Guarda se había compadecido de ella.

Con una sonrisota de oreja a oreja, salió Sofía de la aduana. De repente, entre una multitud de personas que esperaban la salida de los pasajeros, advirtió a Fernando, Fernandito, Ita (Sofiíta) y Sebastián. Había venido a recibirla toda la familia.

—¡Mami, mami! Aquí estamos —decían sus "gordos", agitando brazos y manos.

—La primera que se precipitó a abrazarla fue Ita. Enseguida, sus dos hijos. Y al último, Fernando, su marido, quien a pesar de que estaba un poco cansado... le ayudó con sus petaquitas de mano. Atrás de Sofía venían dos señores con sus "diablos" llenos de maletas.

—¡Qué guapa! Tu conjunto ¡está de pelos! Engordaste un poquito, ¿verdad, mami? —le preguntó Ita entre cariñosa y taponudita.

Ita era una joven a-do-ra-ble de 17 años. Era fresca, espontánea, llana, madura pero infantil a la vez. Adoraba a su mami, pero últimamente había momentos en que no la aguantaba. Sobre todo cuando ésta empezaba con sus "rollos", como Ita llamaba a la sesión de consejos que su madre se veía obligada a darle de vez en cuando: "Mira, m'hijita, no creas que la vida es tan fácil como te imaginas, ¿eh? Gracias a Dios, por el momento tienes a tus padres, perteneces a una clase privilegiada; tienes todo para ser feliz. Pero, ¿quién te garantiza que esto sea eterno? Nadie, m'hijita... Nadie... A veces la vida te da cada sorpresa...".

Cuando Sofía escuchó aquello de "Engordaste un poquito, ¿verdad, mami?", le cayó como golpe al estómago, mismo que, al respirar profundo, contrajo inmediatamente, como si esta acción le hiciera recuperar la silueta que tenía a los 18 años.

—Más que engordar, me repuse. Tal vez demasiado, pero nada más estoy un poquito repuesta —agregó—. Pero, ¿tú cómo estás m'hijita linda?

—Dostrés, mami. Ya te contaré.

Afuera, entre decenas de coches y personas con su equipaje en la calle, esperaba Chucho, el chofer, con la cajuela abierta. Al ver a la señora se precipitó hacia ella para ayudarla con sus revistas y su chal de *cashmere*.

—¿Cómo le va, Chucho?

—Bienvenida, señora. Muy bien, muchas gracias.

Con mucha experiencia, el chofer acomodó las petacas en la amplísima cajuela. Las dos de mano Louis Vuitton ($2 000 000 N$2 000) las puso a un ladito, para que no se fueran a maltratar. Chucho sabía que en ellas la señora acostumbraba guardar

sus cremas, joyas y artículos muy personales. Chucho llevaba trabajando con la familia más de ocho años. "La verdad
es que a veces la señora tiene su humorcito, pero ya me acostum-
bré a su modo", le comentaba a la cocinera. Chucho ganaba
$ 2 300 000 (N$ 2 300), tenía quince días de vacaciones, dos
meses y medio de aguinaldo y era tratado como de la familia;
pero eso sí, siempre y cuando supiera guardar sus distancias.
Para Sofía, Chucho era una joya: se sabía de memoria los acos-
tumbrados itinerarios de la familia; las direcciones de sus amistades; dónde se encontraba el mejor pan de mesa; dónde podía
ir a comprar una botella de Ballantine después de las once de
la noche; la calle exacta en la colonia Virgencitas donde vivía la
costurera; cómo sacar sin problemas los pasaportes de los niños y en cuál de todos los talleres se hacían afinaciones, cambio de aceites y balanceos más económicos. Además, cuando en
la casa había cenas muy importantes, Chucho servía la mesa
junto con otro mayordomo, enfundado en su filipina blan-
quísima con cuello de terciopelo negro que le había hecho
la costurera. Todos en la familia adoraban a Chucho, sobre
todo desde el día en que encontró a Mimosa, la perra schnauzer
de Ita.

Una mañana, aprovechando que Chucho pasaba la aspiradora
en el coche del señor y que la puerta de la casa estaba abierta, se
escapó. A pesar de los anuncios que pusieron en el super de
Barrilaco, durante tres días estuvo desaparecida. "El único lugar
en que no hemos buscado es en la barranca de Alpes, a lo mejor
por allí anda", se dijo Chucho una tarde. Y en efecto, no muy
lejos del puente estaba la pobrecita de Mimosa, muerta de miedo
y de hambre.

Finalmente, todo el equipaje se fue en la camioneta con
Chucho y Fernandito, y en el coche Grand Marquis de su marido
se fue el resto de la familia.

—¿Cómo te sientes? Has de estar muy cansada —le dijo su
marido tomándole cariñosamente la mano. Al sentirla tan cálida

entre las suyas, Sofía se dijo que seguramente todavía no le había llegado la cuenta de American Express.

—La verdad es que estoy ¡muer-ta! Esas dos horas en el aeropuerto de Miami fueron ¡es-pan-to-sas! Y ustedes, ¿cómo están? ¿Has estado yendo al dentista, Sebastián?

Sebastián era un chavo "buena onda". De toda la familia era el más *cool*. Siempre estaba de buen humor, era adaptable, nunca se quejaba, todo le parecía bien y era un perfecto estudiante de preparatoria del colegio Miraflores.

—Sí, he estado yendo. El próximo lunes me quitan los frenos.

—Mami, ¿me trajiste mis encarguitos? —preguntó Ita.

—Todo, todo lo que me pediste te lo traje, además de una que otra *surprise*. A ti también, gordo, te traje muchos *goodies. By the way,* Ita, ¿has ido con el doctor para los granos de la cara?

—Ay, sí, mami. Todas las noches me tengo que poner ese producto que huele ¡guácala! La verdad es que sí me ha curado, ¿verdad, papi?

—Sí, m'hijita. Oye, Sofía, llamó Ana Paula para invitarnos a cenar el jueves. Yo le dije que no sabía, que a lo mejor llegabas muy cansada. Que tú le llamarías. ¿Qué dices? ¿Vamos?

En ese instante, Sofía se acordó de su ma-ra-vi-llo-so vestido negro Lolita Lempika (4 000 FF), que se había comprado en París y de sus aretes Jean-Louis Scherrer (1 300 FF), también ma-ra-vi-llo-sos.

—Ay, sí, vamos, ¿por qué no? De aquí al jueves ya habré superado el *décalage*. ¿No sabes a quiénes invitó?

—Sí, me dijo. A ver, déjame acordarme: a Inés y Daniel, y a Alejandra y Antonio. Creo que la cena es para celebrar sus 23 años de casada.

—Ay, qué cursi, y ¿para eso hace una cena? ¿Verdad que siempre te he dicho que es cursísima? Lo peor de todo es que no se da cuenta. ¿Para qué invitó a Alejandra y a Antonio, si apenas los conoce? ¡Son nuestros amigos! Ana Paula y Beto para nada son del grupo. Ay, es que es de lo más *pushy*. Es la típica

"Quiero y no puedo" que a fuerzas se quiere colar. Ay, pobre, si supiera cómo la critican. No la bajan de arribista, de trepa, como dicen en España; de *new rich,* de corriente —dicho con acento francés— y de supercursi. ¿Sabías que se operó las bubis? Te juro que las tenía del tipo de las de Verónica Castro. Bueno, okey, mañana le hablo y le digo que vamos. Y tú, marido adorable, ¿cómo has estado? ¿Me extrañaste? O al contrario, aprovechaste mi ausencia como un super *break.* A ver, cuéntame. Cuéntame, chinhuenhuenchón, ¿qué te has hecho?...

Sofía estaba feliz de estar nuevamente en su país, con su marido, sus hijos, en un coche confortabilísimo, con aire acondicionado. Sabía que la esperaba su camisoncito limpísimo sobre una supercama Queen Size, con sábanas color *peach,* cien por ciento algodón, de marca Descamps. Sabía que llegando a su casa encontraría todo perfecto, limpio, ordenado, cada bibelot en su lugar. Sabía que los muebles de madera habían sido encerados durante su ausencia; que toda la plata estaría reluciente, el jardín regado y abonado; que la cocinera había previsto una cena rica ligerita, como a ella le gustaba, con unas quesadillas de flor de calabaza, con esas tortillitas blancas que nada más se encuentran en el mercado de Polanco, acompañadas con su guacamolito.

Finalmente, sabía que sus tres muchachas le darían la bienvenida con sus uniformes de cuadritos rosa y blanco y sus delantales de tira bordada perfectamente almidonados.

Cuando el Grand Marquis, ($ 105 369 000 N$ 105 369) entró por Virreyes para tomar Sierra Gorda, Fernando descolgó su teléfono celular y llamó a su casa: "Buenas noches, Rosita, habla el señor. Ya estamos llegando. ¿No ha llegado Chucho con el equipaje? Bueno, no debe de tardar. Ábranos la puerta por favor. Gracias".

Por más shock cultural que Sofía acostumbraba tener al regreso de sus viajes, siempre terminaba por decirse: "Ay, no, la verdad es que como Mexiquito no hay dos. Entre más viajo más aprecio mi casita en Las Lomas, a mis *maids*, y la calidez del pueblo mexicano. Yo jamás podría vivir ni en París ni en Nueva York. Allí hay que ir a pasearse y a hacer el *shopping*, pero nada más".

Esa noche Sofía durmió apaciblemente y con una sonrisa en los labios semejante a la del Gato de Cheshire.

LA CENA

> "Os lo repito, le es más fácil a un camello pasar por el ojo de
> una aguja que a un rico, entrar al reino de los cielos".
>
> Evangelio según San Mateo, 19,24

El día de la cena, Ana Paula despertó más temprano que de
costumbre. Aunque ya tenía prácticamente todo organizado,
quedaban algunas cosas pendientes. Tenía que pasar con Sarita, la de las flores, en el mercado de Monte Athos, para encar-
garle los ramos. Para esta ocasión compraría flores silvestres y
tulipanes de importación. Esta misma combinación la había
visto en casa de Sofía y le había parecido muy sofisticada y
original.

Todo lo que Ana Paula veía en casa de sus amigas "niñas
bien" (había conservado algunas de la Academia Maddox, pero
casi nunca las veía, salvo en los desayunos que organizaba la
Sociedad de Ex alumnas), lo copiaba. Cuando de casualidad
éstas la invitaban, se fijaba en todo. No se perdía el mínimo
detalle. Reparaba en la decoración de sus casas, en lo que daban
de cenar, en su forma de vestir, en la música que ponían cuando
recibían, en las expresiones que usaban, etc., etc. Si algo le

llamaba la atención, de inmediato preguntaba: "¿Dónde lo compraste, eh?" Ana Paula era de las que constantemente llamaban por teléfono para preguntar direcciones de carnicerías muy exclusivas, de boutiques, de agencias de viajes o de restaurantes. Con el mismo desenfado y tomando un tonito de voz como si hubiera jugado a la roña con estas dizque sus amigas, pedía nombres de masajistas, costureras a domicilio, doctores, vitaminas, libros, preguntas que naturalmente odiaban estas señoras. Muchas de ellas ni le contestaban el teléfono. Las más malas le daban las direcciones equivocadas, o bien de plano le decían: "Si quieres, un día vamos juntas. Yo te hablo para ponernos de acuerdo". Pero jamás le volvían a telefonear.

Ana Paula no era tonta, se daba perfectamente cuenta de la resistencia de sus amigas, e incluso de su rechazo. Lo peor de todo es que sabía perfectamente a qué se debía; sin embargo su arribismo era más fuerte que ella. "Tarde o temprano acabarán por aceptarme", pensaba con cierto resentimiento. Por eso, si no podía obtener la información a través de ellas, con toda paciencia lo intentaba por medio de los maridos. Les llamaba por teléfono a su oficina y les decía: "Ay, qué pena, pero fíjate que me urge el teléfono del carpintero que les hizo su biblioteca y por más que busco a tu mujer, no doy con ella. ¿De veras no te importa? Ay, mil, mil gracias".

Ana Paula se despedía igualito que sus amigas. Tenía una gran capacidad de mimetismo. Cuando se iba a tomar un café con alguna de ellas, su marido era capaz de adivinar con quién había pasado la tarde gracias a algún gesto o expresión que empleaba a su regreso. A los ojos de estas señoras, Ana Paula tenía dos defectos im-per-do-na-bles: no sabía hablar inglés y se vestía "¡pé-si-mo!". Por más que había tomado clases de inglés, no lograba leerlo ni pronunciarlo correctamente. Cuando de vez en cuando dejaba caer alguna expresión coloquial de las más recurridas por sus amigas —por ejemplo: *Give me a break*—, nadie le entendía. Para colmo, cada vez que se refería a Nueva

York, invariablemente decía "Nueva Yor". En una ocasión Sofía le prestó un video con una vieja película de Humphrey Bogart sin subtítulos. Dos horas después se la devolvió con el chofer, con el recado de que "se lo agradecía mucho, pero que iba a tratar de conseguirla con subtítulos". Mucho tiempo tardó Sofía en perdonarle tanta ignorancia.

Ana Paula se vestía de una forma complicada y formal. Parecía que todo lo que llevaba puesto se lo acababa de comprar dos horas antes. Abusaba de los accesorios de fantasía así como de cadenas y anillos de oro; solía incluso ponerse un anillo en el dedo índice. Constantemente se mandaba hacer, con una amiga, copias de joyas de Cartier, Burma, Peyrelongue, Harry Winston, etc., mismas que no se quitaba ni para hacer *footing* por las mañanas. Una de las debilidades de Ana Paula eran los relojes. Tenía uno para cada ocasión. Un Piaget rodeado de brillantes para salir en la noche. El último modelo de Chanel para reuniones formales. Su viejo Rolex, lo usaba para los días relax. Y para caminar por las mañanas se ponía un Swatch.

En lo que más gastaba Ana Paula era en zapatos. Cuando viajaba, lo primero que compraba eran zapatos. En México, le gustaba comprarlos en El Palacio de Hierro. Cuando un par le quedaba bien, se los llevaba en dos colores. En su guardarropa había una zapatera que iba del techo hasta al suelo. Los había de todos colores, formas y acabados: en gamuza, en cocodrilo, en satín, en piel de becerro, en charol, en víbora, en brocado; sandalias, mocasines, de tacón aguja altísimo, de medio tacón, botines, botas para montar, tenis, zapatos de golf, para caminar, huaraches, choclos, alpargatas y, por último, pantuflas: de peluche, de piel, tejidas, etc. Le encantaba recurrir al *total look,* es decir, muchos de sus zapatos tenían que hacer juego con la bolsa y con el cinturón y, si era posible, con las sombras de los ojos. Entre más grandes eran los logos de las hebillas de sus cinturones de marcas como Gucci, Hermès, Chanel, Moschino, Escada, Laurel, más le gustaban. Igual sucedía con sus aretes; entre más claramente se distinguía la marca gracias a sus iniciales, más le agradaban. Era tal la dependencia de Ana Paula con las marcas que sus sábanas, toallas, batas, camisones, *jumpsuits,* playeras y ropa interior tenían bordado un logo.*

Curiosamente, y a pesar de todos los rechazos de sus amigas, siempre que se juntaban entre ellas, el tema "Ana Paula" surgía en la conversación: "Les juro que no la soporto. ¿Saben lo que hizo el otro día? Le llamó a mi cocinera para pedirle MI receta de la *mousse au chocolat.* Es que de plano es ¡pe-la-dí-si-ma! ¿Se dan cuenta, pedir una receta de familia? Cuando me enteré le hablé por teléfono y le dije: 'Ay, Ana Paula, en buen plan, te quiero decir que esas cosas nada más no se hacen. La verdad es que a veces no te mides', le dije. La pobre no sabía ni qué decirme". "Igualito me lo hizo una vez, nada más que en lugar de pedir una receta, le dijo a la muchacha que fuera a ver la etiqueta de mi vestido naranja para ver dónde lo había comprado. Es cierto, a veces Ana Paula es *too much.* Además, fíjense que usa fondo. Pero no crean que medio fondo. ¡No! Fondo completo que, por cierto, siempre se le asoma."

Sin embargo, entre ellas había algunas que la defendían: "Ay, ya no la critiquen tanto. Pobre, oigan. No se les olvide que hace muy poquito vivía en la colonia Irrigación y que Beto, su marido, es un cuate que viene de una familia sumamente modesta. Tienen su mérito. Para mí que han aprendido un chorro. Además, no pueden negar que ya se viste mucho mejor y que no recibe tan mal. La verdad que puede ser muy buena persona. No hace mucho se llevó a mis hijos al cine a ver *La Bella y la Bestia.* Después los invitó a merendar a Sanborns Palmas. Y a la salida

---

* "Así pues, nunca consumimos un objeto por sí mismo o por su valor de uso, sino en razón de su 'valor de cambio', es decir, en razón del prestigio, del estatus y del rango social que confiere. Por encima de la satisfacción espontánea de las necesidades, hay que reconocer en el consumo un instrumento de la jerarquía social y en los objetos un ámbito de producción social de diferencia y valores clasistas." Jean Baudrillard, *Para una crítica de la economía política del signo,* Siglo XXI, México.

les compró libros y discos. ¿Que ya se les olvidó todos los regalos que siempre nos manda en Navidad?"

En la temporada navideña, Ana Paula tenía costumbre de mandar a sus amigos tarjetas de felicitación. Con mucha anterioridad mandaba imprimir en Fernando Fernández el siguiente texto: "Sus amigos Alberto, Ana Paula, Albertito y Ana Paulita les deseamos paz y amor en esta Navidad". A los que consideraba más íntimos e importantes les enviaba una charola de *pewter* de Dupuis con patés, nueces, castañas, botellas y vino de importación. Cada año, en el mes de octubre, iba a Coronado, donde tenía un departamento, y compraba todos los adornos navideños. A principios de diciembre compraba el árbol de Navidad (importado de Canadá) más alto y gordo que encontraba en el mercado de Polanco. Lo adornaba con decenas de series de lucecitas, esferas y todo tipo de adornos, desde guirnaldas de nochebuenas de todos colores hasta bastones de caramelo. A los pies, entre pelo de ángel, ponía su nacimiento de porcelana italiana. Tanto en las puertas de las recámaras como en los muros de su casa, colgaba botas de franela verdes y cascabeles, caritas sonrientes de Santa Clos y coronas de pino llenas de castañas. En sus baños ponía rollos de papel ilustrado con arbolitos de Navidad y trineos. En el jardín de su casa de Sierra Ventana acostumbraba instalar un pequeño trineo tirado por varios renos. Rudolph iba a la cabeza y su nariz se prendía y apagaba. Durante esa época, Ana Paula tenía costumbre de hacer pequeñas reuniones de amigas, donde servía ponche caliente y rebanadas de *fruit cake* que compraba en La Marquesa. A lo lejos se escuchaba la voz de Bing Crosby que cantaba *Blanca Navidad.**

---

* "Lo cursi nace en las sociedades consumistas: es una estética que intenta construir un paraíso artificial como culminación de un proceso iniciado con la revolución industrial. La 'cultura de la apariencia', creada por la moda, se corresponde con la tendencia a 'vivir por encima de las posibilidades' y, con la prioridad de la fantasía sobre lo real para 'los nuevos ricos' de estas sociedades opulentas. Son los nuevos valores que

Beto y Ana Paula se habían casado el 14 de febrero (Día del Amor y la Amistad) de 1969. Entonces Beto, contador privado, trabajaba en el departamento de Fideicomiso del Banco Internacional. Recién casados vivieron en un pequeño departamento de la colonia Narvarte. Justo al año de casados, nació Betochico; un año después, Anapaulita. "Oye, reinita, ahora que Dios nos va a mandar la parejita, allí nos quedamos, ¿verdad?", le preguntó Beto a su mujer el día que se enteraron de que en el segundo embarazo tendrían una nenita. Anapaulita fue una niña sana que pesó cerca de tres kilos. Al finalizar el parto en la Clínica Londres, el doctor Martínez Hoyos hizo lo acordado: cerró para siempre la fábrica de bebés de Ana Paula.

Con los años, Beto fue ascendiendo en el banco. Llegó a ser director del Departamento Internacional para después convertirse en uno de los cinco subdirectores generales. Después de la nacionalización de la banca, se independizó y se fue a trabajar a una casa de bolsa, donde actualmente es uno de los dos directores generales. A lo largo de todos estos años, mientras Beto se entregaba en cuerpo y alma a su trabajo, Ana Paula se psicoanalizaba, se ocupaba de sus hijos y al mismo tiempo tomaba todo tipo de clases y talleres: francés, alta cocina, literatura, Biblia, cinematografía, historia mexicana y estudio de la Constitución, yoga, bridge, tenis, etc., etc. Todo esto, Ana Paula se lo podía pagar, ya que su padre era dueño de una cadena de zapaterías de provincia. Ana Paula era hija única. Para lo que también le alcanzaba era para las clases particulares de sus hijos. En Lomas Studio tomaron clases de natación. Además, Anapaulita tomó de ballet y Betochico de karate. Cuando fueron "mayorcitos", tuvieron clases de equitación en el Jockey Club; de piano; de computación; de buceo; de esquí acuático, etc. Cuando llegaron a la adolescencia, los dos fueron con el doctor Corona, psicólogo de adolescentes. Dos veces por semana, el chofer los llevaba al consultorio en Bosques de las Lomas. Mientras Betochico estaba con el doctor Corona, Anapaulita iba con el dentista para que le checaran los frenos. Y si a Anapaulita le tocaba su sesión, era su hermano quien aprovechaba para ir al dentista, ya que su consultorio se encontraba en el edificio contiguo al del doctor Corona.

Asimismo, Ana Paula siempre mandó a sus hijos a los mejores *camps* en Estados Unidos. Un día le llamó a Sofía y le preguntó cómo se llamaba "ese *camp* padrísimo del que hablaste el otro día y donde van a ir tus hijos". Con todo el dolor de su corazón, Sofía tuvo que darle los datos de Wild Goose en Maine (3 000 dólares por niño). Cuando ella y Fernando fueron al aeropuerto a dejarlos, con los primeros que se toparon fue con Beto y Ana Paula. Al despedirse Sofía de sus hijos, les dijo: "Les prohíbo terminantemente que se junten con mexicanos. Aunque los conozcan, no se les vaya a ocurrir dirigirles la palabra. ¿Okey? Acuérdense que su padre hace muchos sacrificios para que ustedes puedan aprender inglés. Así es que ya saben, ¿eh?, *no Mexicans at all*". Desafortunadamente, sus hijos le desobedecieron. Durante todo el tiempo que duró el verano se la pasaron felices en compañía de Betochico y Anapaulita. ¿Por qué? Porque·Ana Paula en el aeropuerto (y por carta) les recomendó a sus "chaparritos" exactamente lo contrario que Sofía. Esto nunca lo supo su madre.

Con este mismo espíritu, desde que sus hijos eran muy pequeños Ana Paula averiguó dónde mandaban los suyos las "niñas bien", y allí los inscribió. Hicieron el kínder en Tres Picos. La primaria la cursaron en el *Cours de Madame Durand*. Betochico terminó su bachillerato en el Irlandés y Anapaulita en el Colegio del Bosque. (¡Cómo sufría Ana Paula cuando de pronto alguna de sus amigas "niñas bien" le preguntaba a qué colegio había ido! Por lo general, terminaba evadiendo la pregunta, pero no siempre era fácil. No quería entonces que sus hijos padecieran lo mismo cuando crecieran.) Cuando iba a buscarlos a la salida del colegio, saludaba con demasiada efusividad a las otras mamás. Las fiestas de cumpleaños de sus hijos eran famosas. Cuando Betochico cumplió 6 años, la organizó en un salón del hotel Presidente Chapultepec. Allí, en una suite gigante, estuvieron payasos, magos, un cinito que proyectaba las primeras caricaturas de Mickey Mouse y más de cuarenta niños que corrían de un lado a otro preguntando a qué horas se romperían las piñatas. No, esa vez no hubo piñatas; sin embargo, todos los niños habían salido con tres bolsitas de dulces y regalitos que les fueron entregadas al momento de partir. "¡Qué chistosa idea de organizar una fiesta de niños en un hotel! ¿verdad?", escuchó que comentó una de las mamás. En ese momento, Ana Paula comprendió que las fiestas de los alumnos de *chez Madame Durand* jamás se organizaban en salones privados de hoteles, aunque en las casas no hubiera jardín, como era el caso de la suya cuando vivía en la colonia Irrigación.

"Rey, ¿por qué no nos cambiamos a Polanco?", le preguntó un día Ana Paula a su marido. Ocho meses después se cambiaban a una casita con techo de dos aguas en la calle de Edgar Allan Poe. Cinco años se tardó Beto en pagar el préstamo que le había hecho el Banco Internacional para comprar la casa. En 1985, Ana Paula le preguntó a su marido: "Rey, ¿por qué no nos cambiamos a una casa con más luz, en Las Lomas?". Al cabo de dos meses, encontraron una espléndida oportunidad: era una casa de seiscientos metros en Sierra Ventana. Cinco años después, durante la cena de Navidad de 1990, de pronto Beto alzó su copa y en tono festivo dijo: "Familia, hoy firmé el contrato de compra de un condominio en uno de los edificios de la Fundación Miguel Alemán, Rubén Darío 201. Me costó una buena lana. Pero estoy convencido que es una magnífica inversión". En efecto, a Beto le había costado una "buena lana", un millón de dólares. Al oír esto, Ana Paula se lanzó a sus brazos y le susurró al oído: "Esa era la sorpresa que me tenías, ¿verdad? Te adoro".

Llegando de las vacaciones de Puerto Vallarta, Ana Paula fue al nuevo condominio para empezar a ver todo lo que se necesitaba para la decoración. Más de seis meses se tardaron en instalar la cocina integral, cortinas, alfombras, el mármol del vestíbulo, el papel tapiz de las habitaciones, la madera de la biblioteca, los clósets de los vestidores, la calefacción, en tapizar muebles, etc. Durante esa época, Ana Paula iba y venía con su nueva agenda Day Runner-Calculator/Ruler bajo el brazo. Cada una de sus secciones estaba perfectamente organizada. Por ejemplo, en la de *Projects* tenía en cada hoja una pequeña muestra engrapada de las diferentes telas de importación de Christian Fersen, Caledonia y Rosela que llevarían las sillas del comedor, el sofá, los dos *love-seats,* los silloncitos, las colchas, las cortinas, etc. En la de *Finances* se encontraba, sujeta a las argollas, su calculadora. Allí también aparecía la lista de precios y medidas que se requerían.

"Rey, he decidido deshacerme de muchas cosas. El estilo del departamento de Rubén Darío no tiene nada que ver con algunos de nuestros muebles de la casa de Las Lomas. ¿Me das chance de vender algunas cositas? Ándele, no sea malito. Ya verás cómo voy a dejar ese condominio. Como de revista europea", le dijo un domingo mientras los dos caminaban tomados de la mano y enfundados en unos *jumpsuits* idénticos comprados en La Jolla. Esa misma tarde, Ana Paula llamó a varias de sus amigas: "Oye, te hablo porque estoy vendiendo varias cosas. Sabes que me voy a cambiar de casa, ¿verdad? Sí, fíjate que nos vamos a un supercondominio en Rubén Darío 201, uno de los edificios de la Fundación Miguel Alemán. ¿No sabías? Ay, qué raro... Bueno, pues entonces estoy vendiendo mi refri, mi comedor, algunos muebles de la sala, un sofá cama, mi mesita de bridge, mi recámara, las de los niños, unos tapetes, los muebles del jardín, todo un juego de copas de cristal cortado, dos vajillas y algunas cosas de cocina". Pero como casi todas sus amigas "bien" sabían que Ana Paula tenía pésimo gusto, ninguna de ellas le volvió a llamar para hacer cita y ver las cosas que vendía. Ante su mutismo, unos días después decidió poner un anuncio en el super de Monte Athos que decía: *"Garage Sale:* Se venden enseres de cocina, muebles, vajillas y cristalería en perfectas condiciones". Salvo su refri, una vajilla china comprada en San Francisco y algunas cosas de la cocina, vendió todo lo demás. La licuadora y un viejo horno de microondas los regaló a una de sus cuñadas que vivía en Satélite. La olla express se la dio a su chofer y la mesa de ping-pong que estaba toda vieja y destartalada, se la vendió a muy buen precio al chofer de su vecina.

En Dupuis de Palmas compró el comedor completo de marquetería como el de Inés; la mesita de la sala modelo Combinado como la de Sofía, y la recámara completita (cabecera Primitiva pintada, juego de cama en damasco de algodón, lámpara de mesa con cerámica, pila de agua bendita en alpaca plateada con imagen pintada a mano sobre lámina, tres botellas de vidrio soplado, la cómoda con cajones y dos puertas pintadas, el buró Primitivo pintado, la cubierta de mesa y el juego de cama de algodón deshilado a mano, un termo plateado, un escritorio de madera pintado, una brisera octagonal con bombilla) como la de Alejandra. Para el *family-room,* como gustaba llamarle al cuarto de la televisión, compró un *love-seat* modelo Campestre en tela 100% algodón y un biombo de cuatro hojas llamado Tepoztlán. Como accesorios y para que no se viera tan tristón aquel saloncito donde, junto con los niños, pasaba la mayor parte del tiempo viendo la televisión, compró dos cajas "hermosas": una "Maximiliano" y otra "Carlota", y una canasta decorada con asa de *pewter* y arreglo de flores secas.

A Ana Paula le encantaba ir a Dupuis (boutique que ha contribuido a refinar el gusto en la decoración de las casas de miles de consumistas de Las Lomas, Polanco, Anzures, San Ángel, Pedregal, Satélite, etc. Gracias a la familia Prieto, muchos mexicanos descubrieron las artesanías del país y se atrevieron a decorar sus casas con estilo mexicano, en lugar del Napoleón III. Gracias a Dupuis, la talavera desplazó a la porcelana y el cristal cortado fue sustituido por vidrio soplado). Le gustaba el ambiente *cosy* que se respiraba en sus cinco sucursales. Apreciaba el modo como la trataban las vendedoras, con tipo de "niñas" de buenas familias. Las encontraba bien vestidas, educadas y con muy buen gusto. Intuía que estas "monadas" vivían en casas con el *Dupuis look*. Pero tal vez lo que más la conmovía es que se dirigieran a ella como si se tratara de una de esas señoras que salen fotografiadas en el libro del duque de Otranto, *Los Trescientos y algunos más*. Allí, ella se sentía de las "trescientas".

Precisamente fue Maru, una de las vendedoras, quien le recomendó que se llevara dos pinturas grandes de la Virgen de Guadalupe con marco de marquetería poblana. "Ay, señora, la verdad es que debería de aprovechar, porque de ésas no nos llegan seguido. Además, están a muy buen precio. La más grande cuesta $3 500 000 (N$3 500) y la pequeña $2 300 000 (N$2 300)." ¿Cómo decirle que no a una chica tan mona, tan educada, tan bien vestida, tan amable y que, por encima de todo, le hablaba con toda la delicadeza del mundo, como si fuera amiga de su mami? No, ¡imposible! No nada más se llevó las dos pinturas, sino también una pila de agua bendita pintada a mano sobre lámina, también con la imagen de la Guadalupana, para la recámara de Anapaulita. Aunque la familia de Ana Paula era más bien devota del Sagrado Corazón de Jesús, con el tiempo aprendió que la burguesía mexicana era profundamente guadalupana. Era una forma *snob* de ser católicos y muy mexicanos a la vez. Siempre y cuando se tratara de pinturas auténticas de estilo colonial o popular, en sus casas podía haber hasta cinco Vírgenes de Guadalupe. Lo mismo sucedía con las medallas de oro de troquel antiguo, heredadas desde las bisabuelas. Ana Paula se compró la grande, la ovalada y la más chiquita, rodeadas de oro blanco. Sin embargo, a ella se le veían demasiado nuevas y modernas. Se le veían *fake*. Para colmo, solía combinarlas con cadenas cursísimas, mismas que revolvía con otras de fantasía.

El cheque que hizo frente a la mesa colonial que hace las veces de caja fue por más de $40 000 000 N$40 000. Mientras esperaba que le dieran su nota hecha en una supercomputadora, Maru le ofreció:

—Ay, señora, ¿no gusta tomar un cafecito o una copita de Bailey's con un poco de hielo?

—Bueno, dame una copita de Bailey's. ¡Me encanta!

—Le mandamos todo a su casa, ¿verdad, señora?

—Sí, por favorcito. Como en diez días me lo mandan a Rubén Darío número 201, décimo piso. Yo le dejaré dicho al encargado del edificio.

Sólo se llevaría la pilita para su hija.

—No se tarda. Ahorita se la envuelven, señora.

Diez minutos después le trajeron su paquete maravillosamente bien envuelto. Allí estaba la pila de agua bendita sobre una plancha. La cubría un papel de celofán restiradito, restiradito. Cuando Ana Paula lo vio pensó: "Sería maravilloso que las que ya tenemos algunas arruguitas pudiéramos pasarnos la secadora por toda la cara para que, con el calor que despide, se nos restirara la piel como sucede con el papel de celofán".

—Señora, aquí tiene, y mil, mil gracias.

—No, qué barbaridad, gracias a ti, si me dedicaste mucho tiempo. Me ayudaste a escoger muy bien. Te lo agradezco.

—Ay qué linda, señora. Mil gracias y aquí la esperamos muy pronto.

—Sí, ya regresaré por otra colcha y por las sábanas. Gracias y hasta lueguito.

Andando el tiempo, Ana Paula se ha vuelto tan buena cliente de Dupuis que una vez al mes llega y le pregunta a Maru: "¿Qué novedades tienen hoy?"

Por primera vez, en la decoración de la sala de su nuevo

condominio, Ana Paula no había copiado a ninguna de sus amigas. Durante tres semanas hojeó y volvió a hojear varias revistas: *Architectural Digest, House and Garden,* etc., etc. Vio tantas que se saturó. Una tarde optó mejor por dirigirse a Liverpool y al Palacio de Hierro, pero allí no encontró nada que la convenciera. "Quiero algo moderno. Algo muy sofis", pensaba mientras se dirigía en su Phantom blanco hacia el sur. Después de visitar dos o tres boutiques, finalmente llegó a Roche-Bobois. "Más de 70 tiendas en Francia, decenas en Europa y en todos los países francófonos, otras en Estados Unidos, en Medio Oriente y en Asia. En todas estas tiendas encontrará los mismos muebles, el mismo catálogo, los mismos servicios y el mismo espíritu Roche-Bobois. Comprada en París, podemos montarle su biblioteca en Madrid, en desplazamiento a la Martinica y después a San Francisco, volveremos a montarla, ¡no hay problema!"

Cuando entró a la tienda y lo vio a lo lejos, no lo podía creer. "¡Híjole, es que está di-vi-no! ¡Está hermoso! La verdad es que ¡está so-ña-do! Es exactamente lo que estábamos buscando. ¡Cuando lo vea Beto se va a ir de espaldas!", se dijo agitada, al mismo tiempo que buscaba en el fondo de su gran bolsa de jareta Fendi su minicelular. "Rey, ¿adivina lo que tengo en frente de mí? Es algo que buscábamos desesperadamente, pero que no sabíamos dónde. ¿No adivinas? Es algo que vimos un día en una vitrina, caminando por los Campos Elíseos en París. ¿No adivinas? ¿Te rindes? Bueno, pues... ya encontré... el... ¡sofá de tus sueños! Y del mismo color que querías. ¡Champaña clarito, clarito! Por Dios que sí. ¡Está bello! ¿Qué hago, lo compro? ¿Seguro? Espero que no esté vendido. Bueno, luego te hablo. Adiosito. Oye, te adoro."

Ana Paula había tenido mucha suerte: el sofá de Roche-Bobois *"pièce unique"* Signature, acababa de llegar directamente desde París. De inmediato Ana Paula hizo un cheque. El sofá se quedaría un tiempo en la mueblería hasta que su nueva dueña les llamara para que se lo enviaran a Rubén Darío 201. Después marcó la clave de su secretaria particular que había contratado en Iusacell ($65 000 N$65 al mes).

— Celular de la Señora Ana Paula — contestó una voz muy profesional.

—Oye, ¿hablaste a Christian Fersen para ver si ya les llegó la tela de pájaro? —Ana Paula tenía costumbre de tutear a las personas, incluso si no las conocía.

—Sí, señora. Le estaba hablando en este momento pero su celular estaba ocupado. La tela la reciben este viernes. Quedaron en que nos llamarían.

—Bueno, por favor, habla a mi casa y avisa que ya voy para allá. Mañana te llamo para ver qué se me ofrece. Gracias y adiosito.

Esa noche, ya en la cama, Beto y su mujer leyeron muy juntitos lo que decía el catálogo de Roche-Bobois acerca de su sofá: "Almohadones de respaldo y apoyabrazos pluma. Almohadones de asiento pluma sobre alma de espuma. Piel safari, vaca plena flor teñida en la masa, curtido mineral, acabado anilina, color *poudre*". Durante varios minutos y en silencio los dos admiraron la fotografía a todo color del sofá que había costado $22 000 000 N$22 000 "Está bello, ¿verdad? Oye, rey, ¿sabes qué podemos colgar justo arribita de él? ¡Híjole, se va a ver de lujo! La pintura que me acabas de regalar. ¿No te acuerdas? La de Martha Chapa", dijo de pronto Ana Paula.

Los ramos de flores de Sarita habían quedado preciosos. Aparte de los tres que le había encargado Ana Paula, también se llevó un pequeño arreglo con florecitas Baby Rose revueltas con algunos jazmines, para el baño de visitas. En total había pagado $875 000 N$875.

—Ay, pero ¿por qué tan caro, marchanta?

—Por el tulipán y los margaritones importados. Va a ver cómo le van a lucir —le dijo Sarita.

"Lucir", eso era exactamente lo que quería Ana Paula: ¡lu-cirse! con esas señoras, que en el fondo sabía que la desdeñaban. Mostrarles que ella también podía recibir *comme il faut*. Así como ella les tenía envidia, deseaba que la envidiaran.*

Como lo habían acordado, el *traiteur* Víctor Nava envió la comida a las 6:00 pm con cocinero y tres meseros: uno se ocuparía del bar y los otros dos, de la mesa. (Según Sofía, este servicio hubiera sido ideal, pero para treinta personas.) Las tres sirvientas de Ana Paula iban y venían nerviosamente. Una terminaba de sacar las copas. Otra repasaba la aspiradora sobre el extensísimo tapete chino, en tonos verde seco y taupé, con flores y hojas, pura lana ($32 500 000 N$32 500), de la sala. La cocinera metía grandes trozos de queso Philadelphia en la licuadora para preparar el dip que se serviría como aperitivo. No obstante que Ana Paula se esmeraba por recibir lo mejor posible, continuaba con algunas viejas costumbres adquiridas en la colonia Irrigación. Como aperitivo, aparte del caviar iraní Ramsar (una lata de 400 gramos que todavía le quedaba del que compró en el Duty Free del aeropuerto Charles de Gaulle y que, como venía del Mar Caspio y había obtenido el premio Triomphe de l'Excellence Européenne, le costó 2 100 FF $1 300 000 N$1 300), servía un dip sabor cebolla. Sin embargo, ya no lo acompañaba con las típicas galletas Nabisco Famosa, sino con unas canadienses que no tenían aceites exóticos y que no provocaban colesterol: Digestive Biscuits, de Dare. Cuando uno de los meseros se enteró que tenía que pasar también "ese" aperitivo, no pudo evitar una expresión de absolu-

* "La envidia habla de nuestra frivolidad, de nuestro esnobismo, de las fantasías infantiles que albergamos en nosotros, que cultivamos mientras nos damos aires de personas adultas. Habla de las mentiras que nos decimos para consolarnos y de las que les decimos a los demás para hacer buena figura. De las maniobras que realizamos para conseguir cómplices. Habla de nuestros enemigos y de aquellos a quienes nos esforzamos por dañar, aunque no nos hayan hecho nada. La envidia está en la raíz de muchas de nuestras enemistades y vuelve ambiguas muchas de nuestras amistades. Es la zona oscura en la cual nuestra perversidad logra abrirse camino y corromper los pensamientos más puros." Francesco Alberoni, *Los envidiosos*, Gedisa, México.

to desdén. "Lo que uno tiene que aguantar para comer", pensó mientras sacaba de su petaquita una filipina superbrillante y almidonada.

—¿Ya fueron por las cocacolas y los tehuacanes, el hielo y las baguettes? —preguntó Ana Paula toda peinada y manicurada del salón de José Luis.

—Sí, señora. Julio ya trajo todo lo que usted le encargó —le contestó Celia, quien de lejos era la más obediente de todas. Celia era Testigo de Jehová; por lo tanto, le obedecía en todo, como parte de los constantes sacrificios que ofrecía por la humanidad.

—¿Trajo Diet Coke?

—Sí, señora. De esas trajo diez latas.

—¿No sabes si también compró en La Baguette las pastitas para el postre?

—Sí, señora, sí las compró.

—¿Ya pusiste las toallitas bordadas que compré en Italia en el baño de visitas?

—Sí, señora, ya están.

—¿Cambiaste el jabón y pusiste los que tienen forma de conchita?

—Sí, señora.

—¿Checaste si había suficiente papel del baño?

—Sí, señora, puse un rollo nuevo.

—¿Pusieron el vino blanco en el refri?

—Sí, señora, desde la mañana.

—¿Ya acomodaste las veladoras para que huela bonito la casa?

—Sí, señora, ya las puse en la sala.

—¿Limpiaron todos los platones de plata, la hielera y los candelabros?

—Sí, señora.

—¿También los platos de base, los de plata, los que van hasta abajo de los platos?

—Sí, señora.

—¿Volvieron a planchar el mantel de organdí con sus servilletas?

—Sí, señora.

—¿Le pusiste agua a los ramos?

—Sí, señora, también al ramito del baño de visitas.

—¿Acomodaste los portatarjetas de porcelana enfrente de cada lugar?

—Sí, señora, lo único que falta son los nombres de los invitados.

—¿Le pusiste su carpetita a la panera?

—Sí, señora. También a las charolas con las que se va a servir.

—¿Repusieron los focos fundidos de los faroles del balcón?

—Sí, señora, los cambió Julio.

—¿Ya pusiste la velas en los candelabros?

—Sí, señora, las rosas que usted me dijo.

—¿Limpiaron también el juego de té de plata?

—Sí, señora.

—¿Acomodaste en la azucarera los cubitos de azúcar con las florecitas que me traje de Estados Unidos?

—Sí, señora.

—¿Ya tienes listos los cios de Tane?

—Sí, se... ¿Los queeee?

—Los chunches que sirven para enjuagar los dedos. Ésos que son como patitos dorados y plateados.

—Ah, sí, esos trastecitos también ya los limpiamos.

—¿Pusiste los cacahuates, las nueces de India y las pepitas en los platitos de plata?

—Sí, señora.

—¿Ya sacaste las "flautas" para la champaña?

—Sacamos todas, señora. También las flaquitas.

—Bueno, pues yo creo que ya está todo. Ayuda a los meseros a limpiar los cubiertos Christofle ($20 550 000 N$20 550). Ya me voy a arreglar. Voy a tomar un baño. Contesten el teléfono y tómenme los recados. ¿Le dieron de comer a Óscar?

—Sí, señora. Comió muy bien. Ahorita está dormido en su cuarto.

Efectivamente, cuando Ana Paula llegó a su recámara vio sobre su maravillosa Queen Size, cubierta con un sobrecama de tira bordada, a Óscar. Entre los cuatro almohadones de pluma de ganso, hecho una verdadera bolita, dormía apaciblemente.

—¿No le da a usted vergüenza? Ese no es lugar para dormir. A ver, ¿quién le dio permiso? Usted debería estar en su camita. Mire, si se porta bien, le presentaré a mis amigos que esta noche vienen a cenar —le dijo Ana Paula, con toda ternura, mientras le acariciaba su piel sedosa.

Óscar era un cachorro de raza shar-pei, ($4 500 000 N$4 500) regalo del Día de las Madres de Betochico y de Anapaulita. A pesar de que nada más tenía tres meses y medio, le habían contratado un instructor ($200 000 N$200 clase dos veces por semana) que le hablaba exclusivamente en inglés. Cuando se le decía *"Sit"*, Óscar se sentaba; al oír *"Go"*, se precipitaba hasta que escuchaba *"Stop"*. Por el momento, nada más comía avena y leche en polvo Sveltesse de marca Molico. Cuando se enteró Ana Paula por el *Guinness Book of Records* que esta raza de perros, aparte de ser la más obediente, era la más rara del mundo y que databa de la Dinastía Han (206 a.C.), más ilusión le dio.

Al entrar a su baño, Ana Paula subió a la báscula. Quería saber si efectivamente había bajado de peso. Ese día se cumplían los tres de tomar con todo rigor Bio-Light y de guardar una dieta "du-rí-si-ma". "En sólo tres días Bio-Light te da la talla. Si tu ropa no te queda, no compres otra; mejor prueba Bio-Light. Ahora en México, Bio-Light es la manera rápida y segura de llegar a tu figura. ¡Haz la prueba, tres días se pasan rápido! Producto francés importado" ¡Láaastima, Ana Paulaaaa!... La aguja de la báscula seguía marcando aquel nueve que tanto aterraba a la pobre. ¡Cincuenta y nueve kilos!, ciertamente eran muchos, si se consideraba la pequeña estatura de Ana Paula (1.64). Pero, ¿por qué le había fallado Bio-Light si ella había seguido al pie de la letra todas, absolutamente todas sus instrucciones? ¿Acaso no se había quitado las pastas, el pan, la tortilla desde hacía más de diez días? ¿No había renunciado a las cenas, a los chocolates, al capuccino, a los tacos al pastor y a las pizzas "hawaianas" de Domino's Pizza (sus favoritas)? ¿Cómo era posible si nada más bebía Diet Coke? ("Sentirse libres, hacer de un simple *weekend* una inolvidable aventura, teniendo al cuerpo como tu mejor aliado, siguiendo las tendencias que lo descubren y exaltan. Ligeros de equipaje: alegría, belleza y... Coca-Cola Light.") No, no entendía, ¿cómo era posible que fallara un producto de im-por-ta-ción, que además venía directamente de Fran-cia; hecho por manos fran-ce-sas y seguramente pasado por controles ci-vi-li-za-dos y pro-fe-sio-na-les? "A lo mejor soy sonámbula y como por las noches. ¿Tendré un problema de metabolismo? Tal vez la grasa que tengo ahora sí ya se instaló en mi cuerpo para quedarse eternamente." Ana Paula prefería dudar de ella misma que de la publicidad y de los productos de importación.

"¡Qué horror, no me va a quedar el vestido verde de Jean-Louis Scherrer ($8 000 000 N$8 000) que acabo de comprar en la boutique Ambra's! Y ahora, ¿qué me pongo?", se preguntó sintiendo un agujero en el estómago, tanto por el hambre como por la decepción. Lánguidamente, abrió la llave del agua caliente de la tina. ("Tratto, genuino sabor italiano. Tratto son las llaves monomando Amarlis que expresan, con placentera perfección, el diseño contemporáneo de novedosa definición europea. Tratto será orgullo y ornato en su baño por su espléndida belleza y su funcionamiento suave y preciso.") En seguida tomó una botella gigante de burbujas Badedas y virtió una gran cantidad. Súbitamente, el agua se pintó de azul turquesa. Se desvistió. Se puso su bata de toalla. Abrió el botiquín y sacó una de sus tantas mascarillas. Mirándose fijamente en el espejo, poco a

poco se iba distribuyendo por la cara Firming Facial Mask, de
Redken. La menta de la mascarilla le provocaba una sensación
de frío y de cosquilleo sobre la piel. Ana Paula no era bonita. Era
de tez morena y opaca. Sus ojos cafés eran chiquitos e inexpresivos. Tenía una nariz anchita y una boca demasiado delgada y
alargada. Desafortunadamente, de perfil se le veía una ligera
papada. Además, no tenía nada de cuello. Tal vez lo más bonito
en Ana Paula era su sonrisa. Cuando se reía se le hacía un
pequeño hoyuelo en una mejilla, lo que le daba un aire gracioso
y juvenil, a pesar de que acababa de cumplir 48 años.

Estaba en el interior de la tina (tina de hidromasaje modelo
Lola $3 157 000 N$3 157) pensando qué vestido y zapatos ponerse, cuando de pronto sonó la extensión del teléfono del baño, que
se encontraba en una de las esquinas de la tina (Sistema 2000 de
AT&T. Capacidad máxima para dos líneas y desde una hasta seis
extensiones. Altavoz en servicio telefónico e intercomunica-
ción, $1 536 000 N$1 536.)

—Mami, ya llegué. Oye, ¿me pueden traer la cena a mi
cuarto? La verdad es que me dan güeva tus invitados— dijo la
voz de Anapaulita.

—Ay, gorda, no hables así. Se dice "me da pe-re-za". Claro
que te pueden subir la cena. ¿Qué tal te fue en casa de Paty?

—Ay, bien mami, luego te cuento, ¿sí? ¿La pides tú o la pido
yo?

—¿Qué cosa?

—Ay, mami, la cena. ¡Híjole, cómo se te va el avión!

—La pido yo. Oye, todavía están allí algunas películas que
renté. Hay una buenísima de Meryl Streep. Oye gordita, ¿qué
vestido me recomiendas que me ponga?

—Ay, mamá, la neta, no tengo ni idea. ¡Tienes tantos! Adiós,
luego nos hablamos, ¿no? —dijo su hija al colgar.

Acto seguido, Ana Paula marcó el número 4.

—¿Celia? Habla la señora. Oye, por favor llévale la cena a
Anapaulita. Mira, que le hagan un sandwich de pan integral con

el queso amarillo americano que traje ayer. ¿Ya sabes cuál? Y prepárale su vaso de Slim Fast de fresa. Acuérdate que le gusta batido con hielo. ¿Okey? ¿Ya acabaron de poner la mesa? ¿Ya están listos los aperitivos? ¿Ya tostaste el pan para el caviar? Bueno. Oye, ¿no ha llegado el señor? Okey, tenquius.

Mientras Ana Paula seguía sumida en sus reflexiones, entre montañas de burbujas, en la cocina se hacían los últimos preparativos de la cena. El cocinero trataba de espesar un poquito la salsa del pato. La cocinera picaba el huevo cocido para el caviar. Una de las recamareras esperaba pacientemente frente al tostador a que salieran las dos rebanadas de pan que había puesto. La segunda recamarera acomodaba las galletitas para el postre en una charolita de plata. Cada dos minutos uno de los meseros iba hacia la mesa del comedor a verificar si todo estaba en orden. Delicadamente, con sus manos gordas y morenas reacomodaba un tenedor o el cuchillito de la mantequilla, las servilletas, las copas, los platos, los saleros de plata de Tane o el centro de flores. De nuevo todo acomodadito, regresaba a la cocina. El segundo vaciaba la bolsa de hielo en una cubeta.

Sonó otra vez el teléfono del baño de Ana Paula.

—Señora, que si ya se puede ir el chofer.

—¿A ustedes ya no se les ofrece nada?

—¿Que si ya no se ofrece nada? —preguntó a su vez Celia a la cocinera—. No, señora, que ya no se ofrece nada.

—¿Seguro, seguro?

—Seguro, señora.

—¿Ya fueron a comprar las galletas Mac'Ma?

—Sí, señora, ya están aquí.

—Bueno, pues entonces dile... No, mejor pásamelo.

—Dígame, señora.

—¿Cuándo le dijeron en el taller que iba a estar el coche azul?

—Hasta la semana entrante, señora.

—Bueno. Mañana véngase como a las nueve y luego pasa a la tintorería de Virreyes por mi ropa. Dígale a Celia que le dé la nota. Después se va con el de los marcos de Prado Norte y recoge mis cuadros que ya están pagados. Bueno, pues eso es todo. Muchas gracias Julio, hasta mañana.

Nada le gustaba más a Ana Paula que dar órdenes. La reciente autoridad que podía ejercer sobre el servicio doméstico le daba seguridad. Le gustaba ser la patrona y que como tal la respetaran.

"¿Qué tipo de menú pide Sofía?", preguntó Ana Paula a Víctor Nava, el espléndido *traiteur* capaz de cocinar los chiles poblanos en nogada con la misma receta de los que habían comido Maximiliano y Carlota. Éste sonrió y dijo que dependía de los invitados y de su presupuesto. Finalmente, y después de muchas preguntas y evaluaciones, Ana Paula se decidió por uno que le pareció el más apantallante, el más europeo, el más lujoso, el más exclusivo, el más original y, naturalmente, el más caro: consomé de doble jerez con morillas rellenas de *foie gras;* medallones de robalo rodeados de salmón ahumado y hierbas finas; para quitar el sabor del pescado, sorbete de Champagne; como cuarto platillo, pechugas de pato importadas, con una salsa de ciruelas negras; de guarnición, arroz silvestre. Enseguida vendría una ensalada verde de tres lechugas con aceite de semillas de uva. Los quesos serían un *chèvre* y un Port-Salut. Y para cerrar con broche de oro, un soufflé de chocolate con salsa de Grand Marnier. El café, que estaría naturalmente acompañado por *petits fours,* podía ser de tres tipos a escoger: de Colombia, de Brasil o de Coatepec.

— Quiero los tres— dijo de inmediato Ana Paula en tanto hacía el cheque por $2 260 000 (N$2 260)—. Ya todo está incluido, ¿verdad? ¿O aparte hay que pagar a los meseros?

—No, señora, el servicio también está incluido— agregó Víctor Nava con una sonrisa.

A Ana Paula le dio pena preguntarle qué vinos servir con ese tipo de cena. "Va a pensar que soy una naca", se dijo. Por eso, la víspera fue a La Europea y allí consultó con uno de los empleados. Finalmente, y a pesar de que en su casa todavía tenía media caja de Chablis, compró tres botellas de vino blanco Puligny-Montrachet ($561 000 N$561, el mismo vino que había servido Sofía en una de sus cenas); en cuanto al vino tinto, se inclinó por el Châteauneuf-du-Pape ($198 000 N$198). Para ofrecer durante el aperitivo y acompañar el soufflé, compró cinco botellas de champaña Moët et Chandon ($524 000 N$524). No obstante que tenía algunos digestivos en su casa (Bailey's, Mandarina Napoleón, Grand Marnier), Ana Paula quiso llevarse otras más: Poires confites à l'Armagnac ($74 600 N$74.60); Cerises au Kirsch ($82 000 N$82) y por último compró un coñac Hennessy X.O., ($510 000 N$510).*

Cuando faltaba un cuarto para las nueve, súbitamente Beto abrió la puerta del *master bedroom,* como les gustaba llamar a su recámara.

—¡Ay, Beto, ya ni la amuelas. ¡Es tardísimo! —exclamó Ana Paula enfundada en una bata lila.

—Mira quién habla —repuso Beto un poco de mal humor. Ese día la Bolsa había bajado seis puntos. Dirigiéndose al vestidor, le preguntó—: ¿Ya viste lo de la cantina? ¿Compraste el vino? Oye, ¿por qué mandaste traer a tantos meseros? —seguía preguntando Beto desde el interior del vestidor, a la vez que elegía una corbata de Sulka que combinara con su traje de seda príncipe de Gales, marca Ermenegildo Zegna, que acababa de comprar ($4 860 000 N$4 860).

Pero Ana Paula no lo escuchaba. Estaba demasiado concentrada frente a su espejo de aumento colocándose sus pupilentes color violeta. "Es el mismo tono que el de Liz Taylor, señora. Durasoft Colors, de Wesley Jessen; son importados de Canadá. Duran mucho. No molestan. Y lo más importante es que se ven

---

* "Lo que motiva básicamente a los consumidores no es el valor de uso de las mercancías; a lo que se aspira en primer lugar es a la posición, al rango, a la conformidad y a la diferencia social. Los objetos no son más que 'exponentes de clase', significantes y discriminadores sociales; funcionan como signos de movilidad y aspiración social." Gilles Lipovetsky, *El imperio de lo efímero*, Anagrama, Barcelona.

completamente naturales. Para lo que son, señora, no son caros.
El par cuesta $850 000 (N$850), le explicó el empleado de Op-
ticas Devlyn. Ana Paula se llevó dos pares.

Cuando por fin salió del baño, parecía otra mujer. Los pupilentes le hacían ver su rostro más luminoso.

—Esa corbata está horrible —dijo con cierto nerviosismo.

—Te juro que a veces tienes un gusto *for the lions* —la edad de
Ana Paula era siempre traicionada por las expresiones que
usaba. Muchas de ellas eran todavía de los sesentas—. ¿Por qué
no te pones una de Hér-mes? —apuntó, poniendo el acento en la
primera "e" en lugar de en la última.

Beto no le hizo caso. Terminó de anudarse la corbata. Se puso
su *eau de toilette* Obsession, de Calvin Klein, *"An exciting gift
for you"* y se dirigió al baño. Tomó su aparato eléctrico Epident
para lavarse los dientes, que había comprado Ana Paula en TV
Shop por $199 000 (N$199), y salió del cuarto dando un portazo.

Por las tardes, cuando no salía, Ana Paula se sentaba frente a
la televisión y ponía cable para ver TV Shop. Este sistema
contaba con tres enormes ventajas: con sólo marcar 207-35-31
podía hacer su *shopping* exclusivamente de productos de im-
por-ta-ción, sin necesidad de salir de su casa; aceptaban tarjetas
de crédito, y por si todo esto fuera poco, la mercancía era
enviada a domicilio. Así compró su Celly Massage ($439 000
N$439) que, usado diariamente después del baño, combate la
celulitis y al mismo tiempo relaja. Con este mismo sistema
adquirió también el Men's Lock Valet, un maravilloso burro
para que su marido al llegar colgara sus trajes. Asimismo, se
había hecho de unas magníficas bocinas inalámbricas Data
Wave por tan sólo $459 000 N$459.

Y para guardar todos sus accesorios, se había comprado dos
"bellos" joyeros Heirloom Cherry.

Quince minutos después, Ana Paula salió de su recámara vestida con una blusa de *mousseline* ita-lia-na en tono naranja con
grandes lunares bordados con hilo dorado (Frattina, 6 000 000

N$6 000), y una falda negra Givenchy, que se había comprado en la última barata de la boutique. Sus ojos ya no eran azul violeta como los de Elizabeth Taylor, sino verde jade como los de Sofía Loren. A última hora se decidió por este color porque combinaba mejor con la blusa. Su maquillaje era excesivo: además de su habitual *blush-on* en las mejillas, se había puesto varias pinceladas de Terracotta (*"Guerlain loves you.* Los colores del sol. Si el sol no se acuesta nunca es porque Guerlain creó Terracotta"), pero como se las ponía mal, los resultados eran nefastos. En lugar de afinarle sus facciones, se las entoscaba aún más, y por si esto fuera poco, el polvo oscuro la hacía parecer todavía más morena. Y eso era precisamente lo que menos quería Ana Paula. "¡Lárgate, prieta horrorosa!", le había gritado una compañera en el colegio durante un partido de basquetbol. Más que el calificativo, lo que la humilló y le dolió profundamente fue el tono, la expresión de desdén con que se lo había dicho la niña y la cara de burla que tenían las demás. Ese día comprendió que ser morena en este país de mestizos era peor que ser fea, bizca, tonta, pobre o ladrona.

Beto, quien estaba en la biblioteca acomodando varios *compacts discs* en su flamante equipo audio Onkyo Fusion AV-5050 ($8 250 000 N$8 250), supo que su mujer se estaba acercando a la sala a causa del intenso olor de su perfume, Poison, de Christian Dior. Entre más perfumada se sentía Ana Paula, más sentía que imponía su presencia. Tal vez era una manera de decir a gritos: *"Look at me".**

—Ah, hasta que por fin apareciste. Oye, falta escribir los nombres en las tarjetitas. ¿Lo haces tú o lo hago yo? —le preguntó Beto.

* "¿Por qué se perfuma una mujer si de este modo oculta su olor natural? Tal vez sea por la misma razón por la que Eva escondía su desnudez: no era por vergüenza, sino por el placer de adornarse. El perfume es realmente un ornamento, como lo es el vestido. Pero si este último podemos justificarlo como necesario (uno no puede ir en la vida desnudo), el perfume es un lujo total, inútil y maravilloso." Cecil Beaton, célebre fotógrafo de arte y de moda, en *Glass of Fashion.*

—Ay, es que tu letra es espantosa. Yo lo hago —dijo cortan-
te. Siempre que Ana Paula tenía invitados, se ponía de muy mal
humor.

Su escritura tampoco era bonita, era más bien fea e imperso-
nal. Por más que trataba de imitar el tipo de escritura picudito
aprendido en los colegios de monjas, no podía. Consciente de
este terrible *handicap,* optó por escribir los nombres con letra de
molde. Estaba sentada en el desayunador, mismo que de inmediato se impregnó con el olor de su perfume, escribiendo el
nombre de "Daniel", con su pluma Cartier, cuando de repente
sonó el interfón de la cocina. Era el guardián del edificio que
preguntaba si podían subir unas personas.

—Sí, que suban los señores —dijo la recamarera.

—Beto, ya llegaron; no vayas a abrir, ¿eh? Que vaya uno de
los meseros —gritó Ana Paula en tanto terminaba rápidamente
de escribir las cuatro tarjetas que le faltaban.

—¡Quiuuuubo!, ¿cómo están? —exclamó Beto dirigiéndose
con los brazos abiertos hacia la puerta. Los primeros invitados
eran Alejandra y Antonio.

—Ay, no sabía que eran vecinos de los Zamacona —dijo
Alejandra con su característico tonito de voz que denotaba
desapego y un cierto esnobismo. Siempre que se dirigía a los
demás parecía que les hacía el favor.

Con muy poco maquillaje (productos Shiseido), Alejandra
estaba vestida con un traje sastre negro Carlo De Michelis y una
blusa de seda con rayas blancas y negras de Valentino. Como
accesorios llevaba una gargantilla y aretes de *vermeil* y plata de
Tane. Alejandra tenía el arte de encontrar lociones y perfumes
que olían maravillosamente bien y diferente. Para la cena se
había puesto Society (*"You were born to it"), by* Burberrys. Era
evidente que su *look* nada tenía que ver con el de Ana Paula, que
por cierto todavía no salía de la cocina.

—Aquí les traemos este coñaquito Courvoisier para brindar
por su aniversario de bodas —comentó Antonio.

—¡Carambas! No se hubieran molestado. Además, por esas cosas no se brinda. ¡Al contrario! —agregó muerto de la risa el buen Beto.

—Oye, mano, pero mira nada más qué vistaza tienen hacia Chapultepec. ¿Ya viste, Alejandra, cómo se ve desde aquí el Periférico? —dijo Antonio parado frente a los grandes ventanales que rodeaban todo el condominio del décimo piso.

Pero Alejandra no podía ver aquellos cochecitos como de juguete que iban y venían, porque ya se había sentado en el espléndido sillón de piel Roche-Bobois. Muy calladita y como si estuviera ausente, empezó a mirar todo a su derredor. *"Goodness gracious"*, se dijo de pronto al descubrir, sobre una cómoda de marquetería poblana hecha a la medida, un jarrón de cristal cortado alemán Marc Aurel, que lucía un inmenso ramo de flores de seda en colores lila y morado.

—¿Qué tal se sentirán los temblores aquí? —preguntó Antonio a Beto, cuando de pronto apareció Ana Paula con una enorme sonrisa.

—¿Cómo están? ¡Qué gusto de verlos! ¡Quiuuuubo, Alejandra! ¡Qué guapa señora! —exclamó la anfitriona con toda espontaneidad. Estaba a punto de preguntarle: "¿Dónde compraste tu *suit?*", como llamaba a los trajes sastre, pero se abstuvo. De todas las del grupo, Alejandra era la más reticente, la más *detached*. De ella, sus amigas solían decir que era la *bitchy,* es decir, la más "mula".

"Smack, smack", tronaron los besos con los que la saludaron Antonio y Alejandra. Enseguida vino uno de los meseros y preguntó qué deseaban beber.

—A mí, un tequila, por favor —pidió Alejandra.

—A mí también, por favor, pero con hielo —agregó Antonio.

Al escuchar esto, Ana Paula se quiso morir. Había comprado todo tipo de bebidas, salvo tequila. Sus ojos y los del mesero se cruzaron, como diciendo: "No hay, ¿verdad?".

En ese momento los dos se fueron hacia la cocina. Dos

minutos después salió Ana Paula y dijo apenadísima:

—No me lo van a creer, pero tengo de todo menos tequila. Lo que pasa es que ni a Beto ni a mí nos gusta. ¿No se les antoja un vinito blanco de *importation?* —inquirió.

(¡Qué bárbara! Para qué aclaró que era de importación, y para colmo decirlo en inglés. Primer *faux pas* de la noche de la pobre doña Ana Paula.)

Finalmente aceptaron el "vinito blanco".

—¿Cómo viste la Bolsa hoy? —preguntó Antonio, abogado del despacho Basham, Ringe and Correa. Este próspero licenciado en Derecho, egresado de la Universidad Iberoamericana, vestía un traje gris oxford, lana 100%, de Hugo Boss ($3 000 000 N$3 000), comprado en la boutique Calanchinis.* Su camisa azul cielo, Canali Milano ($415 000 N$ 415), combinaba perfectamente con su corbata de Hermès, azul marino. Sus zapatos, *loafers,* de la marca inglesa Russell and Bromeley (125 libras esterlinas), contrastaban con los mocasines de Beto, Michel Domit, ($640 000 N$ 640), demasiado escotados (se le asomaban los empeines) y *sport* para la ocasión.

Alejandra y Antonio vivían en una casa preciosa en la calle de Monte Everest en Las Lomas. Alejandra, ex alumna del Sagrado Corazón, después del bachillerato se había ido un año a París y otro a Londres, donde estudió idiomas e Historia del Arte. Después de diez de casada, decidió trabajar y, gracias a su mejor amiga, encontró una magnífica oportunidad como corre-

---

* "Los *yuppies,* prototipo estelar, fueron verdaderos magos en sacar dinero de la nada, en comprar y vender entelequias; reyes de los bienes etéreos, de la economía de lo efímero, de lo instantáneo. Su gloria venía a demostrar el triunfo de lo imaginario sobre lo real, el poder decisivo de la expectativa, la moda y la apariencia por encima de cualquier otra consideración. Movidos por el dogma incorrupto del mercado maravilloso, administrado espontáneamente por una mano invisible que compensaba todos los excesos, convencidos de que verdad y mentira eran lo mismo, hicieron del dinero el centro de su vida. Un dinero tan simbólico y falso como verosímilmente real. Un dinero que lo reglamentaba todo." Margarita Rivière, *Lo cursi y el poder de la moda,* Espasa-Calpe, Madrid.

dora de bienes raíces. Además de activa, mundana, viajada, era madre de dos hijos adolescentes.

—Anda medio floja, mano. Como dicen los especialistas, "sigue sin mostrar entusiasmo". Ayer bajó siete puntos y hoy seis. La verdad es que no me preocupo porque, a partir del momento en que se conozca el contenido del TLC, la situación va a mejorar.

—Así es, mano. Con el TLC todo se va a superar. ¿No leíste en *El Financiero* esa nota del periódico español *El País* donde se aseguraba que México ya era considerado como del Primer Mundo?

—Oye, Alejandra, ¿y sigues caminando por las mañanas con Sofía?

—Un día sí y otro no. Lo que pasa es que como salimos tanto, a veces no me puedo ni despertar. ¿Y tú haces *footing?*

—Todas, todas las santas mañanas camino con mi Beto. Lo malo es que él se va tempranísimo. Me encantaría unirme a ustedes. Un día pasan por mí, ¿no?

Al oír esto, Alejandra sintió que el vino blanco se le revolvía con la galletita con caviar que se acababa de comer.

—Órale —le dijo, sin el menor entusiasmo.

—¿Y cómo va el bisnes? —*(sic)*.

—El ¿qué?

—¡Las ventas de tus casas!

—*So, so*. Ahorita tengo una sen-sa-cio-nal. Está en Sierra Madre 430 y el terreno mide un poco más de mil metros. Tiene cinco recámaras con sus respectivos baños, todos con mármol. Biblioteca. Salas amplísimas con acabados de lujo. Salón de juegos. Frontón, con alumbrado. Calefacción y riego por aspersión. Cuarto oscuro. Dos cuartos de servicio. Y tres líneas de teléfono. La verdad es que es una ganga. Por si sabes de alguien, cuesta un millón de dólares.

—Ay, qué chistoso; eso fue e-xac-ta-men-te lo que costó este departamento.

(Cero y van dos. Segundo *faux pas* de Ana Paula). Afortunadamente la salvó la campana, ya que en esos momentos sonó el
timbre de la puerta.

El mozo fue a abrir, y entraron Inés y Daniel.

—¡Dichosos los ojos! ¡Bienvenidos!

—¡Hola!

—¿Cómo han estado?

—No tan bien como ustedes. ¡Qué departamentito tan modes-
to encontraron! ¡Qué escondidito se lo tenían!, ¿eh?

—A tus órdenes, mano.

—¿Qué, ustedes no recibieron nuestra participación de cambio de casa?

—Ah, sí... creo que sí la recibimos. Tienes razón, Ana Paula.

—¿Qué quieren tomar?

—Yo quiero un tequilita, por favor —dijo Inés mientras se
sentaba a un lado de Alejandra.

—A mí también otro, por favor —agregó Daniel.

—¡Ay, qué pena!... Tenemos de todo, menos tequila. ¿No les
apetece mejor un vinito blanco... —(Por favor, Ana Paula, no se
te ocurra decir de *"importation"*) —...bien fresco?

(¡Ufff!)

—No, mira, yo prefiero un vaso de agua Perrier. Es que el
vino me cae mal.

—A mí, por favor, tráigame un whisky con agua natural.

—¿Cómo se han portado? Hacía un chorro de tiempo que no
nos veíamos.

—Yo muy bien, pero mi mujer muy mal. No, no es cierto.
Pues allí vamos, mano.

—Ay, Alejandra, te hablé por teléfono dos veces, me urgía
hablar contigo. Ya te encontré cliente para la casa de Sierra
Madre. Es una pareja de gringos, superencantadores, que se van
a instalar en México. Los conocí en casa de Viviana. Él es
representante de una cadena de supermercados inmensa. ¡Están
in-te-re-sa-dí-si-mos! Luego te doy su teléfono.

Siempre que las "amigas bien" de Ana Paula hablaban entre sí, ignorando por completo su presencia, sentía que se le ponía cara de tonta. En esos momentos, que vivía como verdadero rechazo, no podía evitar que aflorara su antiguo complejo de inferioridad. Por más que quería abordar un aire relajado, poco a poco se le iba poniendo cara de puchero. Para que no se le empezara a notar, se puso de pie y se fue hacia la cocina, dizque para ver si todo estaba bajo control.

Daniel era arquitecto, egresado de la UNAM. Durante muchos años trabajó en las oficinas de Ricardo Legorreta, de quien había aprendido muchísimo, pero con el tiempo se independizó porque, según él, Legorreta "lo explotaba mucho". Daniel era conocido por sus espléndidas casas de campo de estilo barraganesco, tanto en Tepoztlán como en Valle de Bravo. Asimismo, había construido más de treinta residencias en Bosques y reformado otras tantas en Las Lomas. Últimamente su empresa construía boutiques en Polanco y en centros comerciales de prestigio. Inés era bióloga, egresada de la UNAM, maestra, investigadora y mamá de dos hijos adolescentes.

No obstante que la cocina quedaba retirada de la sala, el servicio doméstico supo que la señora estaba a punto de entrar a la cocina por el olor intensísimo de su perfume.

—Allí viene la señora —dijo la cocinera.

De repente se abrió la puerta y apareció Ana Paula.

—¿Cómo van? Oiga, vaya limpiando los ceniceros, ¿sí? Porfa, y traiga más pan y caviar. ¿Cómo le quedó la salsa, eh? A ver... Mmmmmmmmmmm —dijo, probándola con la cucharita que había sumergido en la cazuela—. ¡Híjole, está superexquisita! —exclamó volviendo a introducir la cuchara.

Con cara de verdadero asco, el cocinero prefirió apartarse hacia el desayunador. Afortunadamente no vio cuando Ana Paula utilizó la misma cuchara todavía con la salsa del pato para probar el arroz silvestre. ¡Más que silvestre! hubiera encontrado probablemente a esa señora que, aparte de usar un perfume tan penetrante, con toda desfachatez probaba todo con la misma cuchara que ya se había metido a la boca.

—¿No me brilla mucho la nariz? —le preguntó a Celia, la recamarera.

—No, señora.

—Oye, ¿y no me veo demasiado gorda con esta falda tan cortita?

—No, señora, se le ve bien.

—¿No se me ha bajado la pintura de los ojos?

—No, señora.

—No se les vaya a olvidar calentar las tazas de consomé antes de que pasemos a la mesa.

—No, señora.

—Oye, ¿no me maquillé demasiado?

—No, señora, se ve bien.

—Ay, es que estas personas son de lo más fijado del mundo. Bueno, ya me voy. Sírvame por favor una copita de Bailey's con hielo *frappé,* porfa, ¿sí?

Ana Paula salió más contenta con su copa en la mano. ("Toma Bailey's *frappé,* el fresco del verano, y podrás ganar una fantástica motolancha. Bailey's sortea tres cascos de lancha acoplable M-Craft. Para que te diviertas solo o con tus amigos.")

Gracias a Celia, Ana Paula había recibido un poquito de calor humano. La había escuchado decir que no se veía tan mal y hasta había percibido en sus ojos una mirada de admiración hacia su patrona.

Cuando llegó a la sala, vio que Alejandra e Inés estaban muertas de la risa. Los señores seguían hablando del TLC.

—Es que se vieron como magos. La verdad que lo hicieron muy bien. Mis respetos para Serra.

—Bueno, es que el Jaijo es muy inteligente. Para mí que enredó a la Carla Hills. Le sacó todo, mano. En todos los órdenes, en materia de energéticos, de compras gubernamentales. ¡Hasta en agricultura se salieron con la suya!

—Estoy leyendo un libro padrísimo que me traje de España, se llama *El sexo de sus señorías*, de... ¿cómo se llama? Ah sí, de Juan J. Ruiz-Rico. No saben, se trata de todos los chismes sexuales de los tribunales de justicia de España.

—Ay, cuando lo termines ¿me lo prestas? Conste, Alejandra. Pues yo apenas estoy terminando de leer *Diana, su verdadera historia*. Híjole, está sen-sa-cio-nal.

—¿En inglés o en español? Porque me dijeron que *Diana: Her True Story* estaba pé-si-ma-mente mal traducido.

—Lo estoy leyendo en español —(Ay, Ana Paula, cero y van tres. ¿Qué más te daba decir que lo estabas leyendo en inglés? ¿Tú crees que hubieran ido a tu cuarto para verificar en qué idioma lo estabas leyendo?).

—Pues yo acabo de terminar un libro muy, muy bueno. Se llama... y justo cuando Inés iba a decir el título, entraron a la sala Sofía y Fernando.

—¡Ay, qué pena! Se nos hizo tardísimo. Es que primero fuimos al coctel de Casilda y Santiago, y como viven hasta San Ángel —dijo Sofía, que iba guapísima con los aretes de Jean-Louis Scherrer y el vestido negro de Lolita Lempika que se había comprado en París. Para alegrarlo un poquito, llevaba puesto un chal ma-ra-vi-llo-so de Nina Ricci, de muselina de seda con flores color fucsia. Lucía una gargantilla con una pequeña libélula de rubíes y brillantitos de Peyrelongue. Fernando iba con un traje combinado de Giorgio Armani. El saco, tipo tweed de lana *pied-de-poule* ($2 200 000 N$2 200), lo hacía verse más joven. Su pantalón gris-verde de lana muy delgada ($850 000 N$850) estaba impecablemente planchado. Su corbata, 100% *cashmere,* era de Nina Ricci.

—También nosotros íbamos a ir al coctel, pero de plano nos dio flojera el Periférico —dijo Alejandra.

—Ay, Sofía, me encanta cómo traes el cabello —elogió Ana Paula.

Al oírla, Sofía se quiso morir. (Ay, Ana Paula, cero y van

cuatro. Bien sabes que no se dice "cabello", sino pe-lo. Y luego te quejas porque te rechazan. Pon un poquito de atención, por favor.)

—¿Qué gusta tomar la señora? —preguntó el mesero con el brazo derecho hacia atrás e inclinándose levemente.

—Tráigame por favor un tequila reposado, pero con hielo.

Apenas escucharon a Sofía, todos se rieron, y a univoz dijeron:

—Hay de todo, menos tequila.

Ana Paula no sabía si reírse también o ponerse a llorar.

—Ah, ¿entonces yo tampoco puedo pedir tequila? —inquirió Fernando en son de choteo.

—Rey, ¿por qué no vas a comprar una botella de tequila en una carrera a esas tiendas que abren las 24 horas? Es que ya se fue el chofer —dijo Ana Paula con un nudo en la garganta. (Ay, Ana Paula, cero y van cinco. No tiene la menor importancia. Entre más vulnerable te sientan estas personas, más desagradables serán.)

—Es una brooooooma —dijeron todos.

—En realidad prefiero vino blanco. ¿Tienes vino blanco? —preguntó Fernando muerto de la risa.

—Hasta importado —agregó Inés, viéndose a los ojos con las demás.

Pero esto ya no lo escucharon ni Ana Paula ni Beto, porque los dos se habían ido a la cocina.

—Bueno, pero, ¿por qué no se te ocurrió comprar tequila?

—Y a ti, ¿por qué no se te ocurrió checar las bebidas, cuando viste lo de la cantina? A esa hora todavía estaba el chofer.

—¿Y por qué lo despachaste tan temprano?

—¿Cómo que tan temprano?, si eran casi las nueve cuando se fue.

—Es que es ridículo que en esta casa no haya tequila.

—Tú mismo me hiciste regalar unas botellas que te mandaron de la casa de bolsa, ¿te acuerdas?

—Pues sí, porque eran de una marca corrientísima. Bueno, ya sal, bastante ridículo has hecho.

—Mira, a mí no me vas a hablar así, ¿eh?

Las sirvientas ya estaban acostumbradas a este tipo de "diálogos", pero el cocinero y los dos meseros de Víctor Nava no sabían ni dónde meterse. "Le voy a decir al señor Nava que nunca más me mande a esta casa", pensó el cocinero mientras disminuía el piloto de la hornilla de una enorme estufa Mabe.

—¿Sabes lo que eres, Beto? ¡Eres un cabrón! ¡Un pinche cabrón! —le dijo viéndolo con sus ojos verde jade llenos de furia, y salió de la cocina.

Cuando los meseros escucharon aquellas palabras, no pudieron evitar una leve sonrisa, como diciendo: "Pobre del señor, con semejante 'señora'".

Ana Paula había heredado lo mal hablada de su abuela materna, Trinidad. En Alvarado, doña Trini era conocida por sus exabruptos y porque fumaba puro. Incluso se contaba una anécdota. Cuando doña Trini era joven, tenía un puesto de quesos y crema en el mercado. Un día, llegó la esposa de un candidato a gobernador a comprarle medio kilo de queso panela. Como no la atendía de inmediato, se enojó y le dijo:

—No sabe usted quién soy, ¿verdad?

—Sí, es usted la esposa de uno que dicen que es bien ratero y que por desgracia va a ser gobernador.

—Por más que buscamos el tequila en la despensa, no encontramos nada. Mil perdones.

—Ay, Ana Paula, olvídate ya del tequila y vénganse a brindar. ¿Sabes por quién vamos a hacer un *toast*? Pero antes ve a buscar a tu marido.

—Aquí estoy, ¿para quién va a ser el brindis?

—Bueno, pues yo sugiero que elevemos nuestras copas por Carla Hills, Fernando propone que sea por Serra, y Daniel por Salinas. ¿A ti, por quién te gustaría brindar?

—¿Yo? Brindaría por Bush, porque si no hubiera sido por el

interés que manifestó para que la negociación del TLC concluye-
ra antes de las elecciones de los Estados Unidos, ahorita estaría-
mos de rodillas frente a la Virgen de Guadalupe.

Todos se rieron.

—Tienes razón. Brindemos por Bush, por los Estados Unidos
y por este Mexiquito que ha aguantado tanto. —Todos alzaron
sus copas y dijeron: *"¡Cheers!"*.

—Ahora brindemos por Beto y Ana Paula, porque festejen
cien años de casados —dijo Antonio. Todos volvieron a alzar
sus copas.

—Señora, la mesa está servida —le dijo uno de los meseros
a Ana Paula.

—¿Pasamos al comedor? —sugirió a los invitados, pero
todos estaban demasiado ocupados.

Alejandra e Inés seguían platicando muertas de la risa.

—¿Sabes por qué Ana Paula nunca compra tequila? Porque
no es de *importation* —comentaba Alejandra en voz muy que-
dita.

Sofía le contaba a Beto su más reciente viaje a París:

—Te juro que todo está carísimo —le decía vehementemente.

Daniel y Antonio comentaban el último modelo de computadora de la marca Compaq.

—Yo ya compré para la empresa tres Deskpro/1. ¿Ya sabes
cuál es? La que acaba de salir a color. Es otra película, mano.
Tiene un sistema de audio integrado. ¿Te das cuenta que se
pueden insertar mensajes verbales en sus hojas de cálculo?

—¿Pasamos a la mesa? —volvió a suplicar Ana Paula, a
quien para entonces empezaba a molestarle muchísimo el pupilente izquierdo.

Finalmente todos se fueron al comedor. Allí los esperaba una
mesa espléndida, como las que salen en la revista *Gourmet*. Las
velas en los candelabros ya estaban prendidas; el pan estaba
caliente sobre platitos de plata Luis XV, de Tane; las tarjetitas
con los nombres estaban en su sitio; las tazas para el consomé,

humeantes; la cuchillería de Christofle, im-pe-ca-ble; el centro
de flores campestres parecía pintura de Van Dyck; el mantel de
organdí suizo se veía precioso; las servilletas habían sido colo-
cadas muy artísticamente sobre los platos; las cuatro copas de
Baccarat muy bien alineaditas frente a cada lugar, y la vajilla
blanca de porcelana china con su borde dorado era una verdadera maravilla. (¡Bravo Ana Paula! Ahora sí que te luciste *très
comme il faut*. ¿Te fijaste en la cara que pusieron tus amigas?
Ahora vamos a ver si te elogian, porque en el fondo son muy
envidiosas. Primer punto a tu favor.)

—¡Qué bonita mesa, qué bonitas flores, qué bonito condominio y qué bonita anfitriona! —dijo de pronto Antonio.

—Ay, bájale, si hasta parece una declaración de amor —apuntó
su esposa.

—La verdad es que ahora sí te luciste —dijo Sofía.

Todos se sentaron, menos Beto, que se precipitó hacia los
apagadores y bajó levemente la luz, para que las velas brillaran
más. Los meseros esperaban al fondo del comedor, con las
soperas de la misma vajilla. Al fondo se oía la voz de Alvaro
Carrillo cantando *Un poco más*.

—¡Qué di-vi-na vajilla! ¿Es de Limoges? —preguntó Alejandra. (Era la primera vez que Alejandra elogiaba algo de Ana
Paula. Segundo buen punto a su favor.)

—No, es de Paloma Picasso.

—Ah, ¿siiiiií? ¿Estás segura? Que yo sepa, no diseña vajillas.

—Si quieres, voltea el plato y verás que está firmada con su
nombre.

En efecto, al dorso del plato aparecía la firma estilizada de la
hija del pintor.

—A ver, Sofía, cuéntanos de tu viaje a Europa. ¿**Cuándo**
regresaste?

—Hace tres días. La verdad es que estuvo padrísimo. Pero le
estaba diciendo a Beto que todo está ca-rí-si-mo.

Estaban todos los invitados todavía bajo el éxtasis de la

espléndida mesa cuando de pronto se escuchó: "¡Provecho!" En esos instantes, un batallón de ángeles pasó sobre ellos. ¿Quién diablos había emitido esa expresión tan fuera de lugar, tan de pueblo? ¿A quién se le habrá ocurrido pronunciarla frente a personas tan mundanas, tan sofisticadas, tan finas y viajadas? ¿Quién era el culpable? Había sido una voz de hombre, de eso no había duda. ¿Fue acaso uno de los meseros? ¡No! Ellos estaban sirviendo la mesa en absoluto silencio. ¿Habrá sido el cocinero? ¡Imposible, en esos momentos estaba sumamente concentrado decorando el platón con los medallones de robalo! Entonces, ¿quién? Ah... ¡Beto! ¡Claro! Tenía que ser él. Nadie más pudo haber sido sino él. (Ay, Beto, ¿cómo que "provecho"? Con esta gente, una expresión así podría ser tu perdición. ¿Que no sabes que bajo ninguna circunstancia se dice "provecho"? ¡Jamás! Entiéndelo de una vez. *¡Ne-ver!* Sabemos que lo dijiste por amabilidad, por atención a tus invitados. Lo sabemos. Pero no con ellos: esas cosas no se dicen. ¡Láaaaaastima, Beto! Tan bien que ibas. Bueno, pues ni modo. Por lo que se refiere a ti, cero y va una.) Y como para quitar esa sensación de malestar, de incomodidad y de desconcierto, Daniel tuvo la brillante idea de decir:

—El consomé está regio.

—Les decía que, para mí, es más caro Madrid que París.

—¿Tú crees? Mira, en París, por una Diet Coke en un cafecito sobre los Champs Elysées, pagué casi cuarenta francos, lo que viene siendo... Oye, Fer, ¿cuántos pesos son cuarenta francos?

—Son como veinticuatro mil pesos.

—¿Se dan cuenta? Nada más del hotel Elysées Marignan, que está en la esquina de François ler y Marignan, pagué, por una semana, cerca de quince mil francos, o sea casi nueve millones de pesos. Y sin *petit déjeuner*, ¿eh? El cine cuesta sesenta francos ($ 36 000 N$36) Bueno, y los taxis... ¡No, no, no! ¡Les juro que es de locos! Allí se me fue muchísimo dinero. Era obvio que no iba a tomar el Metro. Además de que no le entiendo y siempre me equivoco de dirección, me da pavor. Aparte, me enteré que ya no hay primera clase.

—¡Qué delicioso robalo! Ana Paula, ¡no sabía que fueras toda una Cordon Bleu!

—Sería una hipócrita si te dijera que sí soy eso. La verdad es que toda la cena se la encargué a Víctor Nava —(Pero Ana Paula, no te justifiques. No tienes que pedir disculpas. Recuerda que también suele contratarlo Sofía. Así es que, ¿de qué te apenas?)

—Ah... ¿pudiste conseguir sus datos?

—Sí.

—Ay, qué padre. ¿Y con quién, eh?

—Con tu marido. Primero té llamé a ti, pero como estabas de viaje, me animé a hablarle a Fer, y él muy amablemente me dio el teléfono. Ya probarán el pato que nos preparó.

—Ah,... conque dando direcciones, ¿eh?...

—Fíjense que estamos a punto de hacer un crucero en el Royal Princess, pero todavía no nos decidimos por el itinerario. Alejandra muere de ganas de ir a Escandinavia y a Rusia, pero a mí me atrae más volar a París y de Cannes tomar el Princess para ir a Barcelona, Nápoles, etcétera.

—¿Verdad que resultaría más interesante ir a Leningrado?

—¿Y cuándo se irían?

—En un mes. La verdad es que no lo encontré muy caro. Doce días en una supersuite, con una veranda privada, televisión, refrigerador, tina y un *walk-in-closet* impresionante para que mi mujercita guarde allí todo su guardarropa y lo que se irá comprando conforme visitemos ciudades. ¿Saben cuánto sale por persona? La verdad es que es un regalo. Diez mil dólares, todo incluido.

—Yo creí que era mucho más caro.

—¿Por qué no se animan y nos vamos todos?

—Ay, sí, Fer, sería sensacional. ¿No se te antoja hacer un viaje conmigo en el Love Boat? ¿Nos animamos, rey?

—Oigan, esta cena tan deliciosa me recuerda a la de la película danesa *Le Festin de Babette*.

Terminaba de decir esto Antonio, cuando los meseros empezaron a servir el sorbete de champaña. Todos se quedaron desorientados, confusos, pero no por el sorbete, que cumplía su función de quitar el sabor de pescado para enseguida pasar al plato fuerte, sino por las galletitas de abanico Mac'Ma que Ana Paula había ordenado a Celia poner a un lado de cada copita para la nieve. No obstante que uno de los meseros le explicó a la muchacha que el sorbete de ningún modo era el postre, Celia, Testigo de Jehová, no podía desobedecer a su patrona. Primero muerta. ¿Con qué cara se iba a presentar el domingo siguiente frente a los demás Testigos? ¿Cómo se iba a sentir mientras el Ministro leyera el capítulo de la obediencia en La Atalaya

—Mire, señor: a mí no me interesa si se usa o no se usa con esta nieve. A mí me pidió la señora que se pusieran las galletas, y a ella no le gusta que la contradigan. Así es que se tienen que poner a fuerzas —dijo Celia con tal furia en sus ojos, que el mesero no tuvo otra alternativa que obedecer, como si él también fuera Testigo de Jehová.

—Si se entera don Víctor, nos va a matar —le dijo su compañero.

—Tal vez los de esta casa estén impuestos a eso. Ni modo. Finalmente la que paga es la clienta —le explicó su colega antes de salir los dos al comedor.

Inés, que era tan despistada como Sofía, pensó que aquella nieve ya era el postre. De su bolsita Chanel sacó una cajetilla de cigarros Marlboro y le pidió a uno de los meseros que por favor le trajera un cenicero. Beto, que estaba a su lado, enseguida sacó su encendedor Dupont de oro ($ 4 900 000 N$4 900) y le encendió el cigarro. El mesero obedeció y le trajo uno de Dupuis. Daniel, al ver que su mujer se disponía a fumar, movió un poquito su silla hacia atrás, como si ya se encontraran en la sobremesa. Alejandra intercambiaba miradas de burla con Sofía.

—Ay, hacía años que no comía estas galletas. Me recuerdan mi infancia. Son Mac'Ma, ¿verdad? preguntó con una sonrisita diabólica y viendo a Sofía que se moría de la risa detrás de su servilleta.

Antonio observaba incrédulo a Beto comerse las galletas con toda confianza. Para entonces, el ojo izquierdo de Ana Paula estaba más irritado que antes. El pupilente verde jade la estaba literalmente martirizando. Con la ayuda de la servilleta se limpiaba algunas lagrimitas. Estaba Daniel a punto de pedir un coñaquito y un puro a uno de los meseros cuando de pronto apareció el otro con un enorme platón de plata. En él, perfectamente acomodadas, venían las pechugas de pato im-por-tadas, con salsa de ciruelas negras. De inmediato, Inés apagó su cigarro. Daniel reacomodó su silla. Alejandra volvió a mirar a Sofía.

—¿Otro platillo más? —exclamó Beto.

Todos se rieron, menos Ana Paula, quien sentía que algo terrible había pasado. "Creo que las galletas salieron sobrando", pensó. (Pero naturalmente. ¿Cómo te atreviste a tomar esa iniciativa? La verdad que ese detalle sí fue como del Tercer Mundo. Y luego, para colmo, servir galletas del país. Con el TLC en cada esquina, ¿cómo es posible que el sorbete lo hayas acompañado con galletas y por añadidura de una marca nacional? Te aseguro que si en su lugar hubieras mandado poner *cookies* inglesas Walker Pure Butter Highlanders, no hubieras causado tan mala impresión. Pero, ¿Mac'Ma? Nos apena mucho decirte, Ana Paula, que este *faux pas* vale por dos. Por lo tanto, cero y van siete. *Sorry...*)

Enseguida apareció el otro mesero con el platón del arroz silvestre. A pesar de que Sofía estaba siguiendo una dieta ri-guro-sí-si-ma, se sirvió una copiosa cantidad de arroz. Alejandra e Inés, también a dieta, fueron más disciplinadas y se negaron. Sin embargo, se sirvieron de la ensalada verde de tres lechugas con aceite de semillas de uva. Mientras tanto, los meseros seguían sirviendo los vinos. Enseguida, en un platón de *pewter,* presentaron los quesos.

—*¡My God!* De haber sabido, ni desayuno ni acepto la comida en el Club de Banqueros —exclamó Fernando al verlos.

Prácticamente nadie comió queso, salvo Beto, que ya para entonces tenía la cara muy brillante. También Ana Paula se sirvió un buen pedazo del *chèvre,* que por cierto no se acabó.

—¿Qué te pasa, Sofía? Estás muy callada. Estás como muy *detached* —inquirió de pronto Daniel.

—Ustedes sí que son chistosos. Cuando hablo mucho, me reprochan ser tan parlanchina, y cuando no lo hago, me preguntan por qué estoy tan silenciosa.

En efecto, esa noche Sofía estaba distante y pensativa. Más bien preocupada. Por la mañana había recibido su estado de cuenta de American Express y de Banamex. En la primera debía más de quince mil dólares, y en la segunda, un poco más de veinticinco millones de pesos (N$25 000).

Las facturas, las había escondido detrás de la pila de sus mascadas de seda. Entre todas las fantasías que Sofía se imaginaba, había una a la que recurría constantemente cada vez que se excedía en sus gastos *(always).* Creía que muchos de los vouchers que firmaba terminarían por traspapelarse antes de llegar a las oficinas de las agencias: "Tal vez cuando la vendedora estaba a punto de guardar mi voucher con los demás, pasó su novio a buscarla. Entonces ella, con las prisas y los nervios, lo metió en una libreta de notas que nunca más volvió abrir." "Quizá el voucher que firmé en aquel restaurant se mojó con un poco de vino que sobraba en una copa y se borró la cantidad y mi firma". "A lo mejor el administrador del hotel, al momento de mandar mi voucher de American Express para cobrarlo, recibió una llamada telefónica de su casa que le anunciaba que su mujer se había caído de las escaleras y antes de salir corriendo lo guardó en un lugar, el cual olvidó al confirmarse que su esposa quedaría completamente paralítica."

Durante su más reciente viaje a París, compró dos mascadas Hermès: una con motivos de la llegada de Cristobal Colón a una isla, y otra con unos charros montados a caballo y haciendo suertes con el lazo. Firmó un voucher por dos mil francos (cerca de $2 000 000 N$2 000). Como esa vez había muchos turistas japoneses y latinoamericanos *(as usual)* comprando, a Sofía se le metió en la cabeza que la chica monísima que la atendió, seguramente se había atarantado y había tirado su voucher detrás del inmenso mueble de madera donde se encuentran las mascadas y los chales.

Pero, evidentemente, todos estos *wishful thinkings* jamás se hacían realidad. Por eso, cada vez que recibía sus estados de cuenta con puntualidad, incluyendo las copias de los vouchers de cada uno de sus gastos, se sentía profundamente decepcionada y abrumada. Era como si de pronto le echaran unos manguerazos de agua helada. "¿De verdad firmé tantos vouchers? ¿Habrá alguien que estará falsificando mi firma? ¿Me estarán incluyendo unos viejos? ¿Por qué diablos seré tan gastadora? ¿Cómo haré para que no me gusten las cosas bonitas, las cosas caras? Quizá si tuviera un gusto *cheap* gastaría menos. Y ahora, ¿cómo le digo a Fer? Va a acabar odiándome. Me va a pedir el divorcio. ¿Por qué seré tan insaciable? Desde mañana busco un trabajo. ¿Por qué no puedo dejar de comprar? ¿Será porque soy Leo y las de este signo resultamos demasiado entusiastas? Ay, Fer me va a matar." Todo esto lo pensó mientras se arreglaba para la cena.

Cuando los meseros trajeron los dos soufflés de chocolate con las salseras, todos aplaudieron.

—Mira, Alejandra, así deberías festejar nuestro próximo aniversario de bodas —dijo Antonio.

—*If you pay for Víctor Nava, why not?*

No obstante que estaban más que satisfechos, todos se sirvieron soufflé, rociado por la deliciosa salsa de Grand Marnier. Enseguida los meseros sirvieron la champaña.

—Quiero hacer este brindis por una pareja a todo dar: Beto y Ana Paula. Amigos fieles y muy generosos —declaró Antonio.

Todos levantaron sus copas y brindaron.

—Ay, Ana Paula, ¿qué le pasa a tu ojo? Está completamente rojo? —señaló Inés.

—Se me ha de haber metido una basurita.

—¿Qué te pasó, reina? Lo tienes muy rojito.

—Es la contaminación. Hoy hubo como 140 Imecas.

—Ahora con el TLC, si pudiéramos importar aire puro sería ma-ra-vi-llo-so.

—Lo que también podríamos hacer es exportar éste.

—Ja, ja, *very funny*.

—Nuestros productos nacionales son tan malos, mano, que no sería extraño que nos lo regresaran por falta de control de calidad.

En esos momentos Ana Paula se levantó:

—Compermisito. Voy a ver lo del café.

Pero lo del café era mentira, porque lo que fue a ver fue su ojo que sentía que se le iba a salir de un momento a otro. Entró a la cocina y, corriendo, subió a su recámara por las escaleras de las *maids*. Allí, frente a su espejo de aumento se quitó su pupilente izquierdo verde jade. "¡Ayyyyy!", exclamó al sentir un gran alivio. ¿Se quitaría los dos? ¿Los cambiaría por los violeta? ¿Se dejaría los suyos aunque no fueran del mismo café que los de Isabel Preysler? No. Decidió ponerse uno y uno. Es decir, remplazar el izquierdo por uno violeta. Rápidamente fue a buscar el otro par. Con todo cuidado, uno de ellos lo colocó en su ojo. Se miró al espejo y le gustó.

Cuando salió de la cocina, ya habían llevado el café a la mesa. (Ana Paula, ¿que no sabes que el café se toma siempre en la sala? Nunca de los nuncas se debe servir en el comedor. Cero y van ocho). Y la discusión seguía acerca de lo que México debería importar. Sofía decía:

—Pues para *Christmas,* yo creo que se debería importar nieve de verdad. Para que podamos utilizar nuestros *fur coats*.

—Deberíamos importar deportistas rusos. Darles la nacionalidad mexicana para que puedan competir en Atlanta y así
ganaríamos muchas medallas de oro y ya no haríamos tantos
osos con nuestros compatriotas —opinaba Alejandra.

—Oigan, les quiero comentar que me están ofreciendo una
muy buena franquicia de ropa. No está cara. Con doscientos mil
dólares me dan el nombre, la asesoría y un contrato largo —dijo
Antonio.

—Pues a mi hijo también le ofrecieron una franquicia de estas
pizzas que se llaman Show-biz Pizza Fiesta —agregó Beto.

—Pues a mi cuñada le están ofreciendo una franquicia padrísima de ropa de niños.

—¿Sabes qué marca me daría mucha ilusión traer a México?
Hermès. Pero parece que no quieren. Que están muy renuentes.

—Bueno, yo ahorita me estoy asociando con Juanito Suárez
para abrir un restorán japonés sobre Presidente Masaryk.

—¿Saben qué sería un supernegocio? Abrir una agencia para
las *maids*. Para que aprendan a servir la mesa, a hacer un ramo
de flores, a cocinar platillos internacionales. En fin, para que se
civilicen un poquito y se vuelvan como del Primer Mundo.

—A mí el otro día me comentaron que ya se va a venir la
Clínica de La Prairie. ¿Te das cuenta que ya vamos a poder hacer
nuestras *cures de beauté* sin tener que viajar?

—¿Saben lo que podría ser un negociazo? Asociarse con una
de esas clínicas norteamericanas que te hacen el *lifting,* te operan
la nariz, las bubies, las piernas, etcétera.

—¿No ven que aquí en México ya existe un mercado para ese
tipo de negocios?

—Oigan, entonces si ya pertenecemos al Primer Mundo, ¿se
va a componer la raza?

—Bueno, si vienen a trabajar obreros norteamericanos y
canadienses, es probable que muchos formen familias aquí, y
entonces sí, la raza se tiene que componer.

Y mientras seguían imaginando un país cada vez más moderno, más rico, más cosmopolita, más industrial y más democrático, a lo lejos se oía cantar a Pedro Infante *Que seas feliz*. Antes de despedirse, cerca de las tres de la mañana, todos concluyeron que ahora sí se podrá decir con todo orgullo: "¡Como México no hay dos!".

—Sin falta te llamo la semana entrante para que te vengas a comer a la casa, ¿Okey? Mil, mil gracias. Todo estuvo de-li-cio-so —le dijo Sofía al despedirse de Ana Paula. Mas no se volvieron a ver sino hasta ocho meses después. De pura casualidad se encontraron en el centro comercial Pabellón Polanco.

UN *WEEK-END* EN TEPOZ

"Las poderosas democracias que han conquistado la abundancia en la libertad ¿serán menos egoístas y más comprensivas con las naciones desposeídas? ¿Aprenderán éstas a desconfiar de los doctrinarios violentos que las han llevado al fracaso? Y en esa parte del mundo que es la mía, América Latina, y especialmente en México, mi patria: ¿alcanzaremos al fin la verdadera modernidad, que no es únicamente democracia política, prosperidad económica y justicia social, sino reconciliación con nuestra tradición y con nosotros mismos".

OCTAVIO PAZ. Discurso al recibir el Premio Nobel de
Literatura. Diciembre 10, 1990

—¿De veras piensas que me amas demasiado? —le preguntó Daniel a su mujer.

—¿Por qué me preguntas eso? —inquirió.

—Porque hoy, mientras buscaba algo para leer, entre todos tus libros de cocina me encontré con ése que se llama *Women who love too much* de Robin Norwood.

En la semioscuridad de la recámara, Inés esbozó una extraña sonrisa y preguntó:

—¿No crees que es lamentable que haya mujeres que aman demasiado?

—¿Por qué?

—Pues porque se sufre mucho. Buenas noches. Oye, se me olvidó decirte que habló Eduardo, que sí viene mañana a jugar *paddle-tennis* a las diez.

—¡Qué buena cosa, porque me las debe!

—Hasta mañana —dijo Inés, apagando la luz del buró.

Afuera había una noche muy tepozteca. Una luna enorme y un montón de estrellas iluminaban las montañas con un halo de misterio. En el jardín, muy quitados de la pena, cantaban los grillos, interrumpidos de vez en cuando por algunos ladridos de perros.

Hacía mucho tiempo que Inés había perdido de vista aquel libro. "Es buenísimo, te lo juro", le había dicho varias veces Sofía. Pero Inés se resistía. ¿Cómo una bióloga investigadora y profesora de la Universidad podía recurrir a esas lecturas que más bien parecían del tipo de revistas *Cosmopolitan?* Sin embargo, una tarde que fue a la librería de Barrilaco, Libros, Libros, Libros, para comprar una revista sobre biología, se topó con él. Lo tomó y le echó una ojeada al índice: "1. Amar al hombre que no nos ama; 2. Buen sexo en malas relaciones; 3. Si sufro por ti, ¿me amarás?; 4. La necesidad de ser necesitadas", etc., etc. No, no era posible, ¡los temas correspondían perfectamente a sus circunstancias de entonces!

En ese tiempo, Inés estaba enamorada de un hombre que a veces sentía que no la quería; a pesar de que tenían unas relaciones sexuales espléndidas, no dejaban de surgir constantemente las discusiones y los malos entendidos. Por añadidura, Inés le demostraba sus inseguridades, pensando que de este modo tal vez la amaría más. Y por último, hacía dos días que le había mandado un telegrama que decía: "Necesito que me necesites de la misma forma en que yo te necesito". Compró *Time* y el libro. Llegando a su casa lo escondió entre la pila de suéteres de *cashmere*. El fin de semana siguiente iría sola con sus hijos a Tepoz, ya que Daniel estaría de viaje. Allí, durante el sábado y el domingo, enfundada en su pareo de marca Souleiado que su marido le había comprado en la mejor boutique de Saint-Tropez, no hizo otra cosa que devorarse los consejos del terapeuta Robin Norwood. Cuando Inés terminó de leerlo, en su cabeza bullían decenas de reflexiones y buenos propósitos. "Cuando estar enamorada significa sufrir, estamos amando demasiado", había escrito en una de las hojitas de su agenda Louis Vuitton.

No fue sino hasta después de muchos años de casada cuando Inés se dio cuenta que era de las mujeres que amaban demasiado. Más que de bienes materiales, Inés era una gran consumista de amor. Necesitaba aceptación (que nunca tuvo de su madre), ternura, compañía, atenciones; pero, sobre todo, necesitaba vibrar. A pesar de que Daniel era, como decían sus suegros, "un excelente marido, sumamente educado y un padre de familia inmejorable", no reunía ni la calidad ni la cantidad de amor que Inés requería. Si la capacidad de amor se pudiera medir sobre una base de 100, el potencial de Daniel nada más representaba 45. Ese porcentaje era lo máximo que podía ofrecer entre su mujer y sus hijos. ¿Por egoísta? No, sino porque de ese tamaño era su corazón. Cuando le decía a Inés: "Te quiero muchísimo", no le mentía. Efectivamente la quería hasta el tope, pero nada más con un 45. Además, era la misma cantidad que Daniel necesitaba para sentirse plenamente querido. Tan era así, que cuando Inés lo llegó a querer hasta 55 para completar aquel 100 que pensaba se necesitaba para lograr un buen matrimonio, Daniel se sintió abrumado y culpable. Era como si estuviera en deuda con su mujer. "No me quieras tanto", intuía Inés que le decía con su actitud. Fue durante ese periodo en que más se volcó en sus hijos, en su carrera y en su trabajo.

Pero al cabo de un tiempo se empezó a cansar y aburrir. Era como si de pronto se le hubiera metido el tedio por cada uno de sus poros. Por las noches pensaba que su corazón se le iba haciendo chiquito, chiquito, hasta alcanzar un porcentaje de 10. "Se me está secando como una pasita", se decía con cierta amargura. "Pobre de Daniel, es tan lindo conmigo, me consiente tanto, pero a veces siento como que nos separa un cristal, de esos que hay en los aeropuertos a través de los cuales se comunican como pueden el que va a viajar y el que se va a quedar. Lo malo es que él me dice que es muy feliz y yo no lo soy. Pero no es su culpa. Le exijo demasiado. Quiero tener todo el pastel. Pero en la vida no se puede tener todo, todo. Tal vez me siento así de deprimida porque ya voy a cumplir 45 años."

En efecto, Inés quería todo el pastel: estar bien casada, viajar, vivir como reina en Las Lomas, vestirse bien, tener casa de campo, frecuentar a los del grupo, ser madre de familia, convertirse en una de las mejores investigadoras en Biología, contar con el apoyo y seguridad de su esposo y vivir... intensamente un amor... Fue en esta época que conoció a Manuel durante un seminario sobre Ecología y Media Ambiente. Manuel era uno de los tres ponentes. Después de la conferencia, se fueron a tomar un café al Sanborns de San Ángel. Allí, mientras lo escuchaba hablar sobre las grillas de la universidad, sentía que la mirada de Manuel le envolvía poco a poco. "¡Híjole, este cuate tiene lo que se llama *come-to-bed eyes!*", pensaba a la vez que muy seriamente asentía con la cabeza. Poco después de este descubrimiento se empezaron a ver todas las tardes en un departamento de Tepepan, propiedad de un amigo de Manuel, también investigador.

Manuel (Nivel socioeconómico: C. Ingreso familiar mensual del matrimonio: $7 000 000 N $7 000. Tipo de vivienda: acabados estándar, garaje para un auto, más de tres cuartos. Educación: primaria en la escuela Guadalupe Victoria; bachillerato, Preparatoria núm. 6, UNAM. Aparatos electrónicos y enseres: videocasetera, televisión, modular. Automóvil: Tsuru. Viajes y pasatiempos: clubes deportivos públicos; menos de dos viajes anuales a centros turísticos nacionales; posiblemente algún viaje al extranjero alguna vez) estaba casado y tenía tres hijos con Ana María, psicóloga de niños. Desde hacía más de 10 años se habían comprado un condominio horizontal en Coyoacán.

Fue también durante esta época que Daniel se volvió dos veces más consumista de lo que siempre había sido. (Nivel socioeconómico: A+. Lugar de residencia: Lomas de Chapultepec. Ingreso familiar mensual: más de $100 000 000 N$100 000. Tipo de vivienda: acabados de superlujo, garaje para seis coches. Viajes y pasatiempos: más de tres viajes de placer al extranjero por año; tenis, esquí, deportes de invierno. Casa de campo. Automóviles: Grand Marquis, camioneta Silhouette, Cutlass, Jetta, Golf y un Nissan para los días en que los demás no circulan. Educación: Instituto Patria, Universidad Iberoamericana, IPADE. Empleados domésticos: cocinera, dos recamareras, chofer, mozo, jardinero, vigilante. Servicio doméstico de Tepoz: cocinera, recamarera, mozo, jardinero, vigilante.)

Daniel había construido la casa en las afueras de Tepoztlán sobre un terreno de más de dos mil metros cuadrados. En ese terreno había hecho instalar una espléndida piscina rodeada por una pérgola de estilo florentino, una cancha de *paddle-tennis* y dos *bungalows,* como *guest-houses.*

Cuando los del grupo comentaban (salvo Beto y Ana Paula porque nunca eran invitados): "Vamos a pasar el *week-end* en Tepoz en casa de Inés y Daniel", sabían que les esperaban dos días pa-ra-di-sia-cos, deliciosos, dichosos y perfectos. Que al llegar desde el viernes por la noche, aun si ya era tardísimo, estaría el cuidador muy pendiente para, cuando advirtiera la luz de los faros del coche de los invitados, de inmediato correr a abrir el gran portón de madera del siglo XVIII comprado a un anticuario de Puebla. También sabían que los esperaba una recámara preciosa, con sábanas floreaditas (modelo Cornflowers) de Laura Ashley. Que las colchas, del mismo estampado, estarían dobladitas al pie de las dos camas individuales que se podían juntar sin el menor problema. Sabían que los cojines estaban rellenos de pluma de ganso, que las cobijas eran cien por ciento de lana virgen, que las toallas (en tres tamaños) eran del mismo color que el muro del baño (azul plúmbago) y que habían sido compradas por Daniel en Houston. Sabían que, ya acostaditos, antes de dormirse, podían hojear ya sea el último número del *Vogue* francés, del *Architectural Digest* o el del *House and Garden;* que sobre la mesita de noche encontrarían una charola de *pewter* con una jarra de agua de lima, un vasito y un platito con un perón amarillo acompañado por una notita que diría:

"Mañana nos vemos para desayunar a las diez. ¡Que descansen!"

Además, sabían que durante esos dos días iban a comer de-li-cio-so, porque Inés y Daniel eran ambos magníficos *gourmets*. Tenían la mejor cocinera de Tepoztlán, Toñita, que había trabajado con los embajadores de Francia. Estos invitados también sabían que los desayunos serían buenísimos, con pan acabado de hacer en el horno automático Panasonic que Daniel había comprado en Nueva York; que también el jugo de naranja y los huevos a la mexicana estarían riquísimos; que las vajillas de talavera poblana (una por cada comida) lucirían preciosas sobre manteles bordados de Oaxaca. Que después de estos opíparos desayunos, podrían ir a caminar kilómetros y kilómetros en medio de una naturaleza como la de las películas de la época de oro del cine nacional. Asimismo, sabían que, al regresar, se asolearían recostados en las tumbonas de hule espuma cubiertas de tela de toalla color *peach,* y que así, en plan relax, hablarían de todo un poco:

—Oye, mano, dile a tu suegro que están vendiendo un yate en Acapulco. Parece que está sen-sa-cio-nal. Es un Bertram de 37 pies, dos camarotes, un baño, televisión, aire acondicionado, cocina, etcétera. Parece que está especialmente equipado para pesca deportiva. Y aparte de todo, tiene matrícula mexicana.

Que, como a la una de la tarde, justo cuando cayeran los rayos de sol más intensos, se aparecería Juanito, el hijo del jardinero, con una charolota de Olinalá repleta de botellas: whisky, ron, tequila, sangrita, vino blanco, los vasos y la hielera. Y que junto a él vendría también Chabelita, una de las sirvientas, con un platón pletórico de chalupitas de pollo rociadas con salsa verde. Sabían que en la pérgola estarían unas bocinas buenísimas, conectadas al aparato de música instalado en la sala. Que escucharían los últimos *compact discs* que Daniel compraba (compulsivamente) en Nueva York o en el Mix-up de Pabellón Polanco.

—Permítanme ponerles la música que se tocó el día de la inauguración de los Juegos Olímpicos de Barcelona.

Que se discutiría con otros invitados, que también tenían casa en Tepoz y que venían nada más a comer, sobre los últimos rumores políticos. Que por la tarde, después de una siesta "¡regia!", jugarían un partidito de *paddle-tennis* para después darse un duchazo y prepararse para esa cena maravillosa que Toñita les había cocinado (soufflé de queso, filete con verduritas y *mousse au chocolat*). Sabían que después de la cena los esperaba una partida de póker o una sesión de cine de arte. Tal vez lo que les daba más ilusión a estos invitados tan suertudos era la función de la noche, que consistía en ver un videodisco compacto en la pantalla de proyección gigante Mitsubishi (VS 4507) de 45 pulgadas, importada, con funciones y menú en pantalla, control remoto "inteligente" (!), 181 canales, entradas para audio y video, sonido estéreo, 10 watts por canal y cuatro bocinas. Cuando Daniel la vio en El Palacio de Hierro de Perisur, le brillaron los ojos, se le hizo agua la boca y en un dos por tres sacó su tarjeta Banamex Plus (con límite hasta $300 000 000 N$300 000) y con ella pagó $16 000 000 N$16 000. Los invitados nostálgicos podían ver sentados (echados) en un sillón confortabilísimo, cubierto con lanas de Ricardo Lazo, películas viejas como la versión original de *Singing in the Rain*. A los muy cultos, Daniel les sugería poner a Plácido Domingo cantando *Aida,* de Verdi. Para los invitados más modernos, amantes de películas de acción, Daniel había adquirido en Nueva York *Basic Instincts,* con Michael Douglas. Y para aquellos cuates que adoraban la información, les ponía *Tormenta en el desierto,* o bien, en la videocasetera instalaba *Kennedy, la otra historia.*

Después de estas magníficas proyecciones, se discutía la película o se abordaban conversaciones reiterativas sobre la nostalgia mexicana:

—¿Se acuerdan de las "posadas rojas" de Licio Lagos?

—Cuando yo era joven, me acuerdo que tenía un bochito verde botella de medio uso, y ahora resulta que mi hijo quiere que le compre ab-so-lu-ta-men-te un Máxima de Nissan último modelo ($1l4 000 000 N$1l4 000).

—¿Se acuerdan cómo nos divertíamos en las kermesses del Patria?

—¿Saben cuáles eran mejores? Las del Club Vanguardias.

—¿Se acuerdan qué padres eran las recepciones del Grito en Palacio Nacional? Todo México iba e-le-gan-tí-si-mo.

—La verdad que es que extraño al México de antes, cuando todo el mundo se conocía. Tengo nostalgia de esas fiestas, de las charreadas que se organizaban en las viejas haciendas, de las bodas de antes. Y ahora nada más oyes hablar de divorcios.

—Para ver cómo ha cambiado México, nada más hay que ver la gente que sale retratada en la sección de Sociales de los periódicos. La verdad es que sale pura gente de quinta. Esas secciones ya ni las leo, me deprimen.

Tal vez el único defectillo que encontraban algunos *guests* de estos fascinantes *week-ends* eran las desveladas. Y el resultado era que casi siempre regresaban a México ¡muertos!: por haber comido tanto, bebido y discutido; por haber hecho deporte como enajenados, haber viboreado a *le tout-Mexico,* haber marchado por caminos dificilísimos, haber tenido que estar super *witty,* informado, lúcido, haber tenido que cuidar hasta en el mínimo detalle la propia imagen y, por encima de todo, haber tenido que soportar una carretera de regreso con los tres carriles repletos de coches y más coches, para llegar a México cerca de la una de la mañana.

La decoración de las casas de Inés y Daniel era conocida tanto en México como en Tepoztlán por su buen gusto y refinamiento.

El comedor del porche de la de Tepoz había sido mandado a hacer especialmente con un artesano a Michoacán. La mesa para doce personas era ovalada; sus sillas estaban pintadas a mano con flores silvestres. A un lado del comedor estaba un saloncito para tomar el café, con equipales de modelo exclusivo comprados en Tlaquepaque y que son exportados a Estados Unidos. Del muro de adobe colgaba un cuadro muy grande, con una Virgen de Guadalupe del siglo XVIII. En la sala, sobre una mesa colonial, lucía una colección de cuchillos de sacrificio en jade. A cada lado de una cómoda de marquetería poblana, so-ber-bia, había unos magiscopios de Feliciano Béjar. En los muros, aparte de la pintura religiosa del siglo XVIII, se veían dos enormes cuadros de Ricardo Martínez y una serigrafía de Toledo. En el muro principal del comedor de invierno, un gran óleo de Pedro Coronel. En las otras paredes colgaban pinturas con paisajes mexicanos del estilo de Icaza, con marcos de marquetería poblana (Galerías Luis C. Morton, S.A. de C.V., Monte Athos 179. Lomas Virreyes).

Aunque prácticamente todos los muebles eran coloniales, unos heredados y otros comprados en la Ex Hacienda Munive de Esteban Chapital (kilómetro 93 carretera federal México-Puebla, Huejotzingo, Puebla), había otros de estilo moderno. Los sillones habían sido comprados en la mueblería Logado, de Yayo Haguerman, y en Casa Ambiente. En el primer piso, todo rodeado por enormes ventanales, se encontraba el estudio-biblioteca. Por las tardes, desde allí se podía apreciar una vista ex-tra-or-di-na-ria de unos cerros entre dorados y rosados, pintados por un sol que se iba metiendo poco a poquito. "Vengan a ver cómo se ven las *Kissing Rocks*", sugería Daniel a sus invitados después de comer. Y con sus copas de coñac en las manos y algunos fumando maravillosos puros Davidoff, admiraban aquella tarde llena de paz y de magia. La chimenea de la biblioteca era tan grande como la que tenía el ciudadano Kane en Xanadú. Construida toda en cantera, estaba bordeada por dos columnas coloniales del siglo XVIII. Colgando arriba de ella, había una pintura de Sergio Hernández, notable joven pintor oaxaqueño ($30 000 000 N$30 000). Frente a ella se encontraba un sillón de gamuza color arena. Éste resultaba todavía más confortable debido a la cantidad de cojincitos cubiertos por telas hindús. A un lado había un sillón Herman Miller (Knoll) y su taburete. Y del otro, un enorme puff también tapizado en gamuza. Y en medio de esta atmósfera tan cálida y hasta cierto punto íntima, estaba la gran pantalla del Mitsubishi.

Entre sus amigos, Daniel era conocido como el rey del *gadget*.* Siempre que viajaba a Nueva York, San Diego o Houston, se traía los últimos aditamentos para su computadora, para su aparato de música, para su celular, para su minicomputadora de bolsillo Hewlett Packard, para su grabadora, para su rasuradora, para el teléfono de la casa, para el *compact disc* del coche, para su fotocopiadora, para su fax, para su agenda electrónica Casio, para su impresora, para las lámparas de mesa, para el interfón, para su cámara fotográfica y de cine, para su reloj despertador, para medir la temperatura de su cava de vinos, para el humidificador del aire, para su máquina calculadora, para... para todo Daniel estaba dispuesto a invertir cualquier suma de dinero con tal de adquirir el último *gadget*. "Todos estos objetos corresponden perfectamente al consumidor sofisticado. ¿Saben por qué? Porque son de calidad. No compro porquerías. Sé que no son in-dis-pen-sa-bles, pero... una vez descubiertos, uno se pregunta cómo pudo haber vivido tanto

* "El *gadget*, utensilio ni del todo útil ni del todo verdaderamente inútil, ha podido aparecer como la esencia y verdad del objeto de consumo: todo cae potencialmente en el *gadget:* desde el tostador de pan eléctrico de nueve posiciones hasta la cadena estereofónica más compleja, todos nuestros objetos se consagran a la moda, a la espectacularidad fútil y a una gratuidad técnica más o menos patentes. Con la hegemonía del *gadget*, el entorno material se ha hecho semejante a la moda; las relaciones que mantenemos con los objetos ya no son de tipo utilitario, sino de tipo lúdico; lo que nos seduce son los juegos a que dan lugar, juegos de mecanismos, de manipulaciones y técnicas." Gilles Lipovetsky, *El imperio de lo efímero*, Anagrama, Barcelona.

tiempo sin ellos", decía Daniel a sus amigos, entre orgulloso y medio avergonzado.

Asimismo, cuando viajaba, encantado le compraba ropa a Inés. Se sabía de memoria su talla, los colores que le quedaban y el estilo que mejor le sentaba. También compraba *gadgets* de decoración para la casa, y otros más para sus hijos. Daniel estaba suscrito a todas las revistas de arquitectura, decoración y anti-güedades, así como a varios periódicos norteamericanos y me-xicanos, y a revistas como *International Business Week, Newsweek, Time, Macword, Stereo Review, National Geographic, U.S. News, American Photo,* etc. A su mujer la suscribió a las revistas de cocina internacional *Gourmet* y *Bon Appétit,* al *Figaro Magazine,* etc., etc. Le apasionaba comprar libros de arte, de historia de México, enciclopedias y diccionarios. Pero sin duda las revistas predilectas de Daniel eran los catálogos que le llegaban rigurosamente cada mes, gracias a su membresía del Club Catálogo Internacional. "Desde ahora disfrute de las máxi-mas ventajas para hacer sus compras desde la tranquilidad y comodidad de su hogar u oficina. Seleccione los artículos de importación de gran calidad y novedad que sean de su agrado, de entre una variedad de catálogos que llevarán hasta su domi-cilio la oportunidad de escoger desde ropa y electrónica hasta juguetes y artículos para el hogar."

Entre todos, su consentido era *Hammacher Schlemmer.* Con este sistema y marcando desde su celular el número 681-77- 46, le compró a su hijo para su cumpleaños una pelota de beisbol firmada por Joe Dimaggio (479 dls) y el Country Electric Sco-oter (2 500 dls). Unos días después, los vecinos de Tepoz se despertaron con el ruido que hacía el velocísimo *scooter* de Jerónimo. Asimismo, con este maravilloso sistema pudo adqui-rir la bolsa de golf especialmente para viajar (199 dls); el corta-dor de pelitos para la nariz Nose Hair Trimmer (19.95 dls); para la casa de Tepoz compró la máquina recogedora de hojas secas (199.95 dls), la mesa de ping-pong (899 dls), las sombrillas en tela de algodón de estilo europeo (c/u 179.95 dls), el juego de canastas de baloncesto (499 dls); las bicicletas especiales para andar por las montañas (c/u 399 dls), y los termos Zitzmann (c/u 169.95 dls), etcétera. Y mientras Daniel revisaba y leía catálogos, instructivos y revistas especializadas, Inés y Manuel se veían a los ojos, iban al cine, comían tacos al pastor, analizaban la situación política del país, discutían sobre su relación, se despedían para no verse nunca más, se volvían a encontrar, comentaban las últimas grillas de la Universidad, hablaban acerca del 68 (cuando Inés le confesó que entonces toda su energía estaba puesta en si la contrataban o no como edecán para los Juegos Olímpicos y que una vez que lo logró, feliz se paseaba por toda la ciudad enfundada en su uniforme color naranja, Manuel se rió tanto que hasta las lágrimas se le salieron), juntos leían los cuentos más recientes de Gabriel García Márquez, peleaban, se contentaban, escuchaban boleros y de nuevo se veían hasta el fondo de los ojos.

Los fines de semana que no iban a Tepoz, Daniel solía ir al Pasaje del Ángel en la Zona Rosa y a la Lagunilla a comprar libros viejos y antigüedades. Siendo un magnífico cliente, los anticuarios le hablaban constantemente para decirle: "Arquitecto, me acaban de llegar unos arcones antiguos con herrajes rarísimos. ¿Quiere que se los mande a su casa para que los vea? También me llegaron unos marfiles miniatura del siglo XVIII. Por cierto, ya tengo aquí el silloncito Chippendale mexicano que me pidió. ¿Qué le parece si aprovecho para mandarle todo junto en un camión y luego hablamos?", le sugerían los más insistentes. Rara vez Daniel rechazaba alguna pieza.

—Ay, Daniel, te lo juro que ya no hay lugar para poner tantas cosas. La casa de Tepoz está llena, la casa de aquí está repleta, en la bodega ya no cabe ni un alfiler. Y sin embargo, sigues compre y compre antigüedades.

Entonces, como para tranquilizarla y tranquilizarse, argumentaba:

—¿No entiendes que cada vez se encuentran menos antigüedades? ¿No entiendes que son oportunidades es-plén-di-das? No te olvides que son inversiones. Además, todo lo heredarán nuestros hijos. Ya verás cuando sean mayores, cómo todas estas cosas las van a apreciar. Comprarlas es una manera de evitar que esas antigüedades salgan del país. Toma en cuenta que todo lo que compro es me-xi-ca-no. Todo este patrimonio forma parte de la educación de los niños. Son puntos de referencia. Acuérdate que lo importante no es tener dinero, sino cómo se gasta ese dinero. Además, a mí me consiguen precios es-pe-cia-lí-si-mos. ¿Te acuerdas del último arcón que compré en Oaxaca y que me costó diez millones de pesos (N$l0 000)? ¿Sabes cuánto vale originalmente? Treinta. Lo vi en un libro. La Virgen estofada que está en Tepoz, ¿sabes cuánto cuesta ahora? Ciento veinte millones de pesos (N$l20 000). Yo sé mi cuento. Justamente me acaban de pedir la colección de cuchillos de jade para una exposición en Holanda. Bueno, ¿tú crees que esas cosas no dan satisfacción? ¿Y la monja coronada que le prestamos al Museo de la Ciudad de México para su exposición sobre el arte colonial? ¿Y la Virgen de Guadalupe que prestamos para la del Centro Cultural de Arte Contemporáneo? Cuando llevaste a tu mamá y a los niños, ¿no te dio gusto leer "Colección particular de Inés y Daniel X."? Todo esto es una manera de contribuir a la promoción de la cultura del país. ¿Entiendes?*

* "Sólo la riqueza extrema puede permitirse poseer el pasado. El pasado ya se ha gastado, se ha ido. Poseerlo y mantenerlo es un lujo que muestra que ya uno se ha ocupado del presente y el futuro. Con su vasto superávit, los ricos compran el pasado. Lo colocan en sus hogares; en nombre de la utilidad pública, lo ponen en sus museos —para que el resto de nosotros lo veneremos, pero no lo toquemos. Alguna vez artefactos de la vida diaria, los objetos antiguos regresan como tesoros raros. Los automóviles antiguos, supervivientes en un mundo de eternos depósitos de chatarra, son meros recordatorios de la cultura desechable. Quienes pueden mantener lo viejo nuevo han vencido el sistema en el que el resto de la humanidad habita. Un modelo T en la era de los microprocesadores es el precio que uno paga —una inversión— por poseer un sentido de continuidad, de seguridad a través de generaciones. Nadie posee la historia como los ricos: en casas, ropas, objetos—antigüedades. Poseer la historia, creen ellos, es

Pero Inés no entendía ni le interesaba entender ese tipo de consideraciones. Ella lo que quería entender era por qué Manuel a veces parecía distante. Quería entender exactamente qué sucedía en su fuero interno. ¿Por qué en ocasiones sentía que lo irritaba? ¿Por qué entonces cuando ella se retiraba un poco dolida, Manuel reaccionaba y le reprochaba su distancia? Quería entender por qué había iniciado esta relación que realmente no tenía porvenir ni solución. Le urgía entender por qué, si no era feliz al lado de Daniel, no terminaba por divorciarse. Quería comprender su miedo a la vida, a la libertad, a ser ella misma. ¿Cuál de las dos Ineses era la verdadera? ¿La de Daniel o la de Manuel? ¿Estaba realmente enamorada de Manuel? ¿O había iniciado esta relación para colorear un poquito su vida pintada en diversos tonos grises? ¿Podría vivir al lado de Manuel en un departamentito como el que les prestaban en Tepepan? ¿Sentiría Manuel toda esta ambigüedad? Las discusiones que tenían, ¿se debían a los dobles mensajes que ella le enviaba inconscientemente?

Era obvio que todo esto no podía hablarlo con ninguna de sus amigas de la Universidad; se hubieran creado demasiados chismes. Tampoco podía hacer este tipo de confidencias a las del grupo. Jamás lo hubieran entendido. Entonces, ¿por qué conservaba su amistad? ¿Qué le aportaban esas señoras tan poco solidarias y faltas de criterio? ¿Por qué tenía tanto miedo a ser diferente de ellas? ¿Por qué le daba tanta inseguridad que la rechazara el grupo? ¿Acaso en el fondo no se sabía distinta? "Ninguna de ellas podría relacionarse con Manuel, ni Manuel podría relacionarse con ninguna de ellas", pensaba con cierta satisfacción, pero también con inseguridad. "Si a alguna de ellas le confesara mi relación, de seguro sentiría envidia. Y como jamás lo admitiría, preferiría juzgar para terminar condenando. Gracias a Manuel las conozco mejor."

poseer una escritura para el futuro. Stuart Ewen, *Todas las imágenes del consumismo*, Grijalbo, México.

Pero, en el grupo, ¿no había alguien sensible e inteligente capaz de entenderla? Desafortunadamente no; todos estaban cortados con las mismas tijeras de prejuicios. Por más que Inés hubiese recurrido a uno de ellos e intentado explicarse llana y sinceramente, éste jamás hubiera aceptado ni mucho menos comprendido su relación con Manuel. Tal vez si se hubiera "echado una canita al aire" con alguno del mismo grupo, lo hubiera encontrado "más normalito"; pero con alguien que no tenía nada que ver con ellos, eso sí que era i-nad-mi-si-ble. ¿Cuántas veces no había habido cantidad de chismes entre ellos?:

—¿Supiste a quién cacharon en pleno fax (faje) en el coctel de Lourdes? A Nacho y a Casilda.

—¡Híjole! ¿Y se enteró Pepe?

—Sí, pero como él trae onda con Mercedes, no dijo nada. Bueno, pobres, están pasando un mal periodo. De seguro se les va a pasar.

—¿Sabes con quién le pinta los cuernos el marido de la Chata? Con Marcela.

—¿Marcela, la que se acaba de divorciar? Ay, pues es guapérrima. Además se viste super bien. *Anyway,* pobre de la Chata, ¿no?

Siempre y cuando estos "escándalos" sucedieran dentro del grupo, eran tolerados. Lo que se rechazaba absolutamente, es que existiera este tipo de relaciones con alguien *(who in hell is he?)* que no perteneciera al grupo. Si se divorciaban pero se casaban hasta dos veces entre ellos, nadie se sorprendía ni escandalizaba. De lo contrario, el que incurriera en ese delito terminaba siendo un descastado, traidor a su clase, etcétera, etcétera.

Inés y Daniel tenían dos hijos varones, Jerónimo de 19 años y Santiago de 17. Contrariamente a Santiago, a Jerónimo ya no le gustaba ir a Tepoz. Durante los fines de semana prefería quedarse en la ciudad de México para salir con sus "cuates". De

los dos, el más parecido a su papá era Jerónimo, igual de
consumista, *cool,* ambicioso y clasista. Cuando tenía cinco años,
un día que iba en el coche al lado de su madre vio a través de la
ventana a un niño que vendía chicles entre los automóviles.
"Mamá, yo nunca quiero ser pobre para no ennegrecerme como
ese niño." Ahora Jerónimo iba a la Universidad Anáhuac (ins-
cripción, $3 040 000 N$3 040; colegiatura, $5 800 000 N$5 800
el semestre), porque decía que allí los maestros eran "barcos".

Un fin de semana típico empezaba el viernes a las 8:45 horas.

Al ver con los ojos entrecerrados el despertador, Jerónimo se
incorporó como de rayo. Se había acostado a las seis de la
mañana, con el estómago lleno de Bacardí añejo. A pesar de que
tenía clase de ocho, no se preocupó mucho, porque el profe de
Administración era buena onda; hasta le recordaba a los que
tuvo en el Instituto Cumbres, donde había estudiado su prepa.
Al levantarse, se dirigió al clóset. Al abrir las dos puertas de
madera, apareció un extenso guardarropa. Allí estaban, muy
ordenaditos por una de las sirvientas, sus pantalones, *blazers,*
playeras, camisas, *sweaters, jumpsuits,* chamarras, etcétera.

Como un autómata, tomó un par de *jeans* Levis (60 dls), un
T-shirt Gap (32 dls) y unos tenis K-Swiss (45 dls). Como no
tenía tiempo de bañarse, se puso más loción Ralph Lauren (60
dls) que de costumbre, ya que temía que su cuerpo despidiera
aún el olor a alcohol. Se lavó los dientes, y sobre el pelo se pasó
rápidamente el cepillo. Dando su característico portazo al salir
de la casa, corrió hacia el garage. Se subió a su Golf GTI l6
válvulas ($63 000 000 N$63 000) con rines ATEV ($6 000 000
N$6 000) que le había regalado su papá. "Poseer la carretera,
dominarla, someterla, con la formidable potencia de la máquina,
pero sobre todo con su inteligencia prodigiosa... Rozar, acariciar
el volante y sentir reaccionar un bello animal impetuoso y
dócil... Deslizarse por el espacio con la soberbia serenidad del
placer total, todo esto es el Golf GTI." Puso la llave en la marcha

y tocó el claxon para que una de las sirvientas viniera a abrir la puerta.

Una vez que terminó la clase de Administración, Jerónimo se fue a la cafetería de la Universidad. Mientras tomaba un café muy cargado, uno de sus compañeros hacía la sopa del dominó para dar principio a la partida reglamentaria. "¡Híjole, cuando mi jefe reciba la American me va a matar", dijo Jerónimo casi gritando, no sólo pensando en voz alta. La noche anterior en el Bandasha, había tenido que pagar la tercera parte de las botellas de Bacardí añejo ($190 000 N$190) y de vodka Stolichnaya ($230 000 N$230).*

Naturalmente no tuvo que pagar el *cover*, por gozar de una membresía de la discoteca, que le había costado mil dólares, con duración de un año.

Después del dominó, regresaron a clase. Allí Jerónimo durmió como un bebé, hasta la hora de la salida.

Inmediatamente al salir de la Universidad, se dirigió veloz como una liebre a su casa para hablarle a Ana Gaby, su gorda, e invitarla a comer al restaurant Loma Linda, mejor conocido como La Tablita. Es obvio que no iría a comer en las fachas en las que había salido por la mañana. ¿Por qué? Pues porque, aparte de ir acompañado por su queridísima gorda, seguramente allí estarían también sus cuates. Al colgar el teléfono, de nuevo

* "Pero el nombre del juego no sólo consiste en establecer una preferencia sobre una marca en particular, sino también en persuadir a los lectores para que compren los productos. Este anuncio tendrá éxito sólo si fija una preferencia específica de la marca en la mente del bebedor hasta que llegue el momento de tomar una decisión sobre la compra, la cual puede ser literalmente semanas después que el consumidor ha percibido el anuncio y mientras no se da cuenta consciente de haber visto el anuncio. Una cuidadosa investigación de las sombras del fondo de la copa (de Bacardí) le dice cómo es posible esto. Por supuesto, las sombras fueron dibujadas por un retocador. Si sostiene un espejo sobre las sombras, en la imagen del espejo leerá BUY (compre). Se ha establecido con firmeza que la mente inconsciente es capaz de leer imágenes de espejo, aun cuando éstas estén boca abajo. En efecto, el mensaje COMPRE se fija en el inconsciente, por lo que podría ser comparado con una sugestión poshipnótica del presunto consumidor." Wilson Bryan Key, *Seducción subliminal*, Diana, México.

fue a uno de los lugares favoritos de su recámara, el clóset. Por más que buscó entre decenas y decenas de camisas, no encontró la de Banana Republic (45 dls).

—¡Mari, Mari! —gritó a la recamarera.

Vestida con uniforme de cuadritos rosa y blanco, de inmediato subió la muchacha:

—Dígame, joven.

—¿Dónde está mi camisa verde caqui?

—¿La verde clarita?

—Sí, ésa.

—Ésa, apenas se lavó ayer, pero todavía no está planchada.

—La necesito ahoritita; plánchamela, ¿no?

—Ay, joven, pero es que apenas ahorita estoy almorzando.

—Me vale. Esa tela se plancha en cinco minutos. ¡Órale, y no te tardes, porfa!

Con el torso desnudo, pero con sus pantalones *jeans* Hugo Boss ($400 000 N$400) puestos, buscó un par de calcetines azul marino Gap (l3 dls). Enseguida se puso sus zapatos Cole Haan ($400 000 N$400), escotados color miel. Mientras esperaba su camisa, se sentó al borde de la cama y se puso a leer el último ejemplar de la revista *Eres*, con la portada de Luis Miguel. A pesar de que decía despreciar ese tipo de publicaciones y cantantes, algo tenían que le llamaba mucho la atención. Tal vez admiraba el hecho de que Luis Miguel contara con tantas admiradoras. "Algo ha de tener ese idiota", pensaba mientras hojeaba el ejemplar. Cuando apareció la muchacha con la camisa bien planchada, Jerónimo escondió la revista debajo de la cama. Se acabó de vestir y se fue de volada a buscar a su gorda.

Cuando llegaron a La Tablita, ya estaban todos los cuates. Se sentaron en su mesa. El mesero llegó y lo saludó: "¿Qué tal, Jerónimo?" Con la misma familiaridad lo saludaban en otros restaurantes y discotecas. A pesar de que Jerónimo era más bien del tipo prepotente, tenía carisma ante la gente con quien le convenía estar bien. Para Jerónimo era fundamental estar bien con los capitanes, meseros y encargados de las entradas de las discotecas. A él le gustaba que lo atendieran de inmediato, sin necesidad de esperar. Creía que de este modo impresionaba aún más a sus gordas.

Ana Gaby pidió una Pepsi Light, la misma bebida que estaban tomando las otras niñas que acompañaban a los cuates (obvio, ¿cuándo se iba a ver a una niña del Colegio del Bosque o del Regina tomándose un *drink* en la comida?). Jerónimo pidió una "chela" para la "cruz".

—No saben lo mal que me trató Mike anoche. Sin exagerarles, tuve que esperar más de 15 minutos para poder entrar al Bandasha —dijo indignadísimo uno de los amigos de Jerónimo.

Mike es responsable de la entrada de la discoteca desde hace más de diez años. Conoce perfectamente bien el modito de estos niños fresas, de estos júniors, de estos hijos de papá. Conoce sus exigencias, impaciencias, privilegios y prepotencias. Cuando Mike los mira arremolinarse en la entrada como si se tratara de niños traviesos, en el fondo se divierte. Los ve y escucha como si vinieran de un mundo raro.

—¿Qué onda, Mike? Somos tres parejas y un hombre solo.

—¿Qué pasó, Miguelón? ¿Cómo has estado?

—Oye, Mike, ¿cómo que no puedo entrar? Si llevo seis años viniendo. No te la jales, Mike, ¿cómo crees? ¿Cómo que no puedo pasar? Si tú ya me conoces, Mike.

Y en esos momentos, el poder de Mike es enorme, porque él es el que decide quién es el que pasa y quién no. ¿De qué depende? Ahora sí que sólo Mike sabe "qué onda". Sin embargo, hay quienes aseguran que depende del *look*. Si uno tiene un *look* muy oscuro, tanto en lo moral como en el color de la piel, el acceso a la discoteca no es tan inmediato como para aquel que puede tener un *look* de persona decente y con semblante claro.

El amigo de Jerónimo también estaba molestísimo porque no

nada más lo habían hecho esperar como si se hubiera tratado de un cualquiera (de un prieto), sino que Juvenal, el mesero, le había puesto dos o tres trabas para asignarle una mesa. Y por encima de todo esto, Macario, el responsable de los baños de hombres, no tenía chicles. "¿Se dan cuenta: no tener chicles? Y que agarro y le pregunto: '¿Cómo que no tienes chicles?'. Y que agarra y me dice: 'Es que ya se me acabaron'. Y que agarro y le digo: 'Pero mano, deberías de tener de repuesto. ¿Por qué no me vas a comprar unos?'. Y que agarra y me dice: 'Es que no puedo dejar aquí solo'. '¿Qué puede pasar?', le dije. 'No, no puedo', contestó. ¿Verdad que es el colmo que no haiga *(sic)* chicles en el baño de una discoteca?", preguntaba el joven con tal vehemencia que parecía estar frente a Carla Hills defendiendo los derechos del petróleo mexicano.

Después de la comida, que fue pagada por la tarjeta American Express ($160 000 N$160), Jerónimo salió a pedir su coche. Al llegar al restaurant, el estacionamiento estaba lleno, y para no caminar dos cuadras y media, mejor se lo había encargado a un joven para que se lo estacionara. Después de darle un billete de diez mil pesos, Jerónimo aceleró su potente Golf, haciendo rechinar (sólo un poquito) las elegantes llantas Pirelli ($500 000 N$500). Después fue a dejar a su gorda y al despedirse le dijo: "Te hablo para esta noche, ¿no?".

Y para esa noche con su gorda, Jerónimo se volvió a cambiar de atuendo. Optó por una camiseta blanca Gap, los mismos *jeans* y un *blazer* Hugo Boss ($2 800 000 N$2 800). Esta vez, la fragancia sería Obsession, de Calvin Klein (40 dls). (Anuncio visual: en una imagen granulosa, un velo húmedo de neblina, cinco cuerpos —hombres y mujeres— exploran su desnudez, retorciéndose, volviéndose uno en un infinito momento de placer desatado. "Obsesión. Un mundo sin reglas. Placer sin ansiedad. Con este perfume, el ego es liberado del superego. A través de un cristal oscuro redescubrimos nuestra memoria primordial, una época anterior o el presente; deseo oscuro y húmedo, y juntos muchos cuerpos en una masa palpitante. Ahora a su disposición en Bloomingdale's".)

Cuando Jerónimo se arreglaba en este estilo y con todas estas marcas, tenía la impresión de haber salido de la portada de la revista *GQ*. Se sentía un *golden boy*.

Con esta sensación fue a buscar a su gorda para ir al lugar de super moda, el Mamy O, mejor conocido como el Mamy. Ana Gaby vivía en Virreyes, en una casa espléndida que su abuelo, accionista del Banco Nacional de México, le había regalado a su mami, cuando se casó con un joven y próspero abogado. Jerónimo se estacionó frente al larguísimo muro cubierto de hiedra y apagó su estéreo Sony de diez *compacts* instalado en la cajuela ($3 000 000 N$3 000); el sonido era magnífico gracias a las cuatro bocinas JVC ($800 000 N$800). Bajó del Golf y tocó el timbre. Ana Gaby salió vestida con *jeans,* un saco de tweed , una blusa blanca de Ralph Lauren y botas cafés. Al ver a Ana Gaby tan bonita, bien vestida y perfumada, con Colors, de Benetton, Jerónimo se sintió una vez más compenetrado en su mundo; donde nada más vive la gente bien, donde todos hablan el mismo idioma, huelen bonito y tienen el mismo gusto, pero sobre todo pertenecen al mismo medio. "Esas personas no son de nuestro medio", le había oído decir miles y miles de veces a su padre, cuando hablaba de familias no-conocidas. "A ésos nadie los conoce." Por eso Jerónimo esta noche se sentía contento y satisfecho, porque su papi SÍ conocía perfecto a la familia de Ana Gaby, eran co-no-ci-dos, eran de-bue-nas-fa-mi-lias. Su mami había ido al mismo colegio que la de Ana Gaby. "Si quieres, un día los invitamos a Tepoz", le había dicho su papá. Con todos estos privilegios, es decir, su Golf, su tarjeta de American y su gorda de familia CONOCIDA, ¿qué más podía desear Jerónimo en la vida? Nada. Esa noche lo tenía todo, absolutamente todo.

Estaban pasando por avenida Chapultepec cuando a lo lejos vieron un tumulto frente al Mamy. "Ha de estar lleno a reventar", le dijo Jerónimo a Ana Gaby. Pero esto a él no le preocu-

paba mucho. Sabía que llegando, el *valet-parking* de inmediato
le tomaría su coche. Cinco minutos después, así fue. "Allí te lo
encargo", le dijo Jerónimo al darle quince mil pesos. "¡Dany,
Dany!", gritaban muchos jóvenes con el mismo *look* de Jerónimo, acompañados por sus gordas, con un *look* semejante al de
Ana Gaby.*

Dany era la persona encargada de la admisión a la discoteca.
Después de pagar los covers ($60 000 N$60 por el de Jerónimo
y $40 000 N$40 por el de Ana Gaby, con derecho a una bebida),
finalmente entraron. En seguida se dirigieron al videobar, donde Jerónimo, después de saludar a Leo, le pidió una mesa buena. Pero para obtenerla, era necesario pedir una botella de importación ($300 000 N$300) o, en su defecto, dos nacionales
($180 000 N$180). Como estaba tan a gusto y contento, decidió
pedir la de importación. ¡Faltaba más! Como sus padres, él
pertenecía *(thanks God)* al Primer Mundo, el nombre de su papá
estaba en las listas Triple A de los publirrelacionistas que orga-
nizan eventos sociales; cuando viajaban sus papis, siempre lo
hacían en *First Class*. Entonces, ¿cómo se iba a rebajar frente a
su gorda y pedir una botella del país? ¡Ni loco! "Que sea de
importación, Leo, por favor", dijo con voz clara y varonil a la
vez. Además, él sabía que Ana Gaby no tomaba; por lo tanto,
quería beber algo de calidad.

Después de haber platicado y bailado ¡padrísimo! y habérsela
pasado ¡de pelos!, Jerónimo vio la hora en su Rolex Submariner
de acero ($12 000 000 N$12 000): eran ya las 2:20 am. "Ay, no
seas malo Jerónimo, pero yo ya me tengo que ir. Te lo juro que

---

* "Así como Madonna resulta ser un coctel de identidades que produce una sola,
Schwarzenegger ofrece un *look,* una identidad homogénea. Ambos son perfectamente
reconocibles, interpretables, personalizados a la vez que universales: se han convertido
en prototipos del *look*, algo dispuesto para ser imitado desde su aparición en el supermercado de identidades, cosa que conseguirán si ejercen la seducción imprescindible,
cosa, en estos casos, sobradamente demostrada. En este aspecto, la moda sería una
manufactura del carisma, según la feliz expresión de Salvador Giner." Margarita Rivière, *Lo cursi y el poder de la moda,* Espasa-Calpe, Madrid.

me van a matar. Ya es tardísimo. Ay, en buen plan, Jero, llévame
porfa", le dijo su gorda ya sin chapitas y con el rímel ligeramente
bajado.

Al otro día, Jerónimo se levantó cerca de la una de la tarde.
Se bañó y les habló a sus papis a Tepoz: "¿Qué onda, jefe? Muy
bien. Fui con Ana Gaby a la discoteca. ¿Qué tal todo por allí?
¿Y mi hermano? ¿No se está pegando la aburrida de su vida? ¿A
qué horas llegan mañana? Bueno, pues nos vemos en la noche.
Sí, tengo plan para comer. Okey. Oye, jefe, chance y llego un
poco más tarde, ¿okey?" Como era sábado, quiso vestirse de una
forma relax; entonces escogió una camisa de esas que tienen
caricaturas del Correcaminos, de marca Iceberg (130 dls), unos
jeans Hugo Boss y sus botas camperas españolas ($800 000
N$800). Después de desayunar, decidió ver un poco de tele. Con
el control en la mano, totalmente absorto, Jerónimo cambiaba de
canal una y otra vez. Parecía que nada le interesaba. Ni deportes,
ni películas, ni entrevistas, ni noticias. Sin embargo, de vez en
cuando se detenía cuando se topaba con alguna publicidad.
Estaba viendo el anuncio del Canal de las Estrellas cuando de
pronto Asunción (Mari había salido) le dijo que, mientras se
estaba bañando, habían hablado para dejarle un recado: "Dígale
por favor que no voy a poder comer con él, porque voy a ir a casa
de mi abuelita. Que mil perdones y que luego nos hablamos".
Jerónimo regañó a la muchacha por no haberle dicho antes. Pero
Asunción, que era un poquito sorda, no lo escuchó bien.

Antes de salir de la casa, Jerónimo se vio en el espejo de la
sala. Pudo entonces apreciar su corte de pelo, que ya no era del
todo parejo. Bien podría aguantar otros dos meses, pero se
acordó de Thomas. Existía un lugar donde había un tipo llamado
Thomas que era estilista. De algún modo tenía a todos sus
clientes hechizados para que fueran dos o tres veces al mes.

Pues el ya hechizado Jerónimo decidió que era de nuevo
tiempo de visitar a Thomas. Y fue a verlo para que literalmente
le quitaran tres o cuatro pelos, de lo contrario quedaría pelón.

Pagó la módica cantidad de $110 000 N$110. En realidad, siempre le habían cobrado $90 000 N$90, por ser un feliz socio del Club 20 Años, pero, desafortunadamente, se le había perdido su tarjeta. ¡¡¡Ajh!!!, y ese Thomas no perdona ni una. "Pero, ¿cómo es posible que me cobren de más, si saben que soy miembro del Club?" Pero fue inútil; tuvo que pagar. Regresó a su casa pareciendo casi un *skinhead* y llamó a Patricio. Siempre que no tenía plan con alguna gorda le hablaba a Patricio para ir a comer al Caballo Bayo, mejor conocido como El Caballo, simplemente.

Patricio vino a buscarlo en su coche Thunderbird modelo Super Cargado negro ($90 000 000 N$90 000). Mientras comían unos deliciosos tacos de carnitas, guacamole y barbacoa, tomaron vodkas y tequilas. Entre los dos pagaron una cuenta de $250 000 N$250. Por la noche volvieron al Bandasha, pero esta vez sin la gorda, ya que la comida en casa de su abuelita se había prolongado. Entonces, entre los dos bebieron una botella de Bacardí. La noche se estaba desarrollando como cualquiera otra. Sin embargo, no sería como todas, algo iba a pasar. Jerónimo vio aparecer de pronto a una amiga de Ana Gaby. Empezó a observarla. Ella, desde su mesa, no dejaba de mirarlo. Ya con algunas cubitas encima, se preguntó: "¿Qué hago, qué hago para llamarle más la atención?" De repente tuvo una idea: "¡Juvenal, Juvenal!", llamó al mesero. "Tráeme por favor una botella de Moet Chandón *(sic)* ($890 000 N$890). Pero rápido", le ordenó. Diez minutos después, Jerónimo ya estaba al lado de la niña, brindando por haberse encontrado en el Bandasha. Pero desgraciadamente a Jerónimo se le pasaron las cucharadas más de la cuenta. La niña se indignó y se fue quejándose: "Ese Jero, el que sale con Ana Gaby, es un borracho asqueroso". También esa noche la absorbió la ma-ra-vi-llo-sa American Express. ("The Gold Card fue creada para darle a usted y a sus seres queridos una gama de servicios excepcionales. Usted siempre recibirá un trato distinguido en cualquiera de los más de tres millones de establecimientos en todo el mundo que aceptan The Gold Card, y obtendrá la ventaja de no tener límite prestablecido de cargos. Como usted sabe, The Gold Card es una Tarjeta de Servicio que le permite múltiples opciones de pago, disponibilidad en efectivo y otras muchas ventajas.")

Ya para el domingo al mediodía, Jerónimo manejaba una de las crudas morales y físicas más intensas que un adolescente reventado pudiera experimentar. Antes de las doce, su gorda lo había cortado, pues ya se había enterado por su amiga chismosa de las fechorías del buen Jerónimo en el Bandasha. "La verdad es que hizo un oso horrible. Te lo juro, Ana Gaby." Para colmo, Mari (Asunción había salido) le avisó que, entre el correo, había llegado la cuenta de la mejor amiga y compañera de Jerónimo, la American Express. "Me va a ir muy mal con mi jefe", se decía una y otra vez. ¿Qué pasaría ahora con sus comidas en La Tablita; con esos maxireventones en el Mamy; con esas constructivas tardes en El Caballo Bayo. Seguramente no volverían en mucho, mucho, mucho tiempo, hasta que envolviera de nuevo a su jefe en ese tan practicado chantaje moral. Tal vez de este modo le devolvería su tan querida, dorada y adorada tarjetita. ¿Y la gorda? Eso no era problema; conseguiría otra, pues aunque no fuera Ana Gaby, bastaba con que estudiara en el Colegio del Bosque o en el Regina, tuviera los ojos claritos, fuera güera, de familia co-no-ci-da y hablara con la papa en la boca. Al fin y al cabo, como dice un viejo dicho, "todas las niñas bien son iguales".

Para consolarse, llamó a Patricio. "¿Qué onda? ¿Pasas por mí? Okey. Aquí te espero." Juntos fueron a comer helados a Gelati, a un lado del salón de Thomas. Jerónimo pidió uno de champaña y Patricio optó por uno de *stracciatella*. Allí estaban los dos comiendo sus elegantes *gelati*. No hablaban. Nada más se limitaban a lamer sus helados. De pronto, pasó supervelozmente por Presidente Masaryk (donde se encuentra la nevería) un Jetta GLI ($58 000 000 N$58 000).

—Mira, güey, cómo jala esa nave.

—¿Sabes qué? Esa nave es una tomada de pelo. Porque fíjate que no jala tanto.

—Estás mal, mano. Jala y muchísimo.

Y se enzarzaron en una agria discusión hasta que en un terrible arranque de violencia, no teniendo más argumentos para defender su punto de vista, Patricio estrelló la *stracciatella* en la cara de Jerónimo.

Ahí estaban los dos solos, uno de ellos lleno de helado y el otro con un cono vacío en la mano. Todo era silencio, Masaryk, Patricio y Jerónimo.

Cuando Inés y Daniel regresaron de Tepoz, encontraron a Jerónimo dormido en su cama como un verdadero bebé.

UN *WEEK-END* EN NUEVA YORK

> "...todo lo que se puede comprar tiene un precio, y todo lo que tiene un precio puede comprarse... ¿Cómo no estar apegado al dinero? Sería como no querer nada, ya que el dinero lleva a todo."
>
> ANDRÉ COMTE-SPONVILLE, *L'argent*, Edit. Autrement.

¡Qué delicia checar aquí en el counter de Primera como gente blanca! No que esos pobres turistas tienen que llegar por lo menos dos horas antes para hacer cola. ¡Qué horror! En cambio nosotros, apartamos nuestros lugares desde hace mucho tiempo. Hace años que la secretaria de Antonio llamó a la agencia para reservar los asientos que están hasta adelante para poder estirar las piernas. La verdad que eso es padre, desde que apartas tu lugar, te tratan diferente... Mientras Antonio ve lo de los pasaportes y checa, voy a ver si hay alguien conocido... seguro alguien también viaja. Otra cosa que me gusta de viajar en *First Class* es que ni te tienes que amontonar para subirte al avión, porque aunque seas la última en llegar a la sala de espera, te llaman primero. "Pasajeros de Primera Clase de American

135

Airlines, por favor pasen a abordar." Y atrás se quedan los de la
clase Turista, todos em-pe-ri-fo-lla-dos, y mientras esperan con
cara de mensos, pasas con un aire de como si nada, de lo más
casual enfundada en tus *jeans* Miss Bergdorf Sportswear (l25
dls), y eso sí, con tu buena maleta de mano de Louis Vuitton para
que te ubiquen.

Cada vez estoy más convencida de que para viajar hay que
saber muchas cosas; no que hay cada gente que a leguas se les
nota que apenas se bajaron del burro. Yo siempre he dicho que
en los colegios deberían incluir una clase de Cultura General,
que no sea ni de arte ni de nada de eso, sino de aprender a ir por
la vida con clase. Por ejemplo, cómo se conectan los audífonos
de las películas en los aviones, cómo se firman los papelitos de
Migración, identificar el lugar donde se encuentran las cobijas y
las almohadas, etc. ¿Qué tal los nacos que no saben ni bajar las
mesitas para comer? Yo he visto a muchos que, cuando la
steward les trae la comida, ponen cara de signo de interrogación
y no saben qué hacer con la charolita. Muchos ni se atreven a
preguntar, entonces se las ponen sobre las rodillas. ¡Qué horror!

Para no hacer el oso, yo siempre leo en el *Vogue* y en otras
revistas extranjeras lo que te recomiendan hacer cuando viajas.
Por ejemplo: no te debes maquillar porque el ambiente es muy
seco y por lo tanto hay que subirse con la piel muy hidratada y
con tu botellota de agua de Evian para ir bebiendo todo el
camino. Se debe viajar con ropa cómoda y no comer las porquerías que te dan. En cambio los de atrás, los que viajan en Turista,
se comen todo porque es gratis. Es más, hasta le llevan el quesito
al niño. Las más cursis viajan con sombrero o super *overdres-
sed*, peinadas de salón, muy maquilladas, tal y como si fueran a
un coctel. Ay, pobres, con su *Suburbia look* me dan una super-
lástima. Ésas son las típicas que no tienen costumbre de viajar.
Entonces, como toda la familia se viene a despedir de ellas al
aeropuerto, abuelita, tíos, vecinos, sobrinos, ahijados, etc., se
creen obligadas a estar muy elegantes y con cara de que van a

viajar, porque al momento de subir en el avión, hasta fotos Polaroid les sacan. Muchas incluso viajan con zapatos de charol de tacones altísimos y medias negras. Y durante el viaje no tienen otra que quitárselos. ¡Guácala, porque no tienen ni los pies hechos! Y claro, como en la clase Turista no se pueden estirar las piernas, cuando llegan a su destino ya ni se pueden poner sus zapatos porque tienen los pies hinchadísimos.

En cambio nosotros, nos instalamos en nuestros lugarzotes con la cobijita, dando traguitos de champaña y mirando de reojo desfilar por el pasillo a esos que se les van los ojos viéndonos muy cómodos, mientras ellos se van empujando para llegar a sus miles y miles de asientos, tipo camión Ruta 100. Luego, los pobres, tienen que hacer colas inmensas para ir al baño. Y los dejan todos sucios como de cine de quinta. ¿Por qué será que siempre traen tantos bultos? De regreso, entiendo. Pero ¿de ida? Han de llevar botellas de tequila, tortillas y frascos de mole Doña María, para no sentirse demasiado *homesick*. Y luego, típico que no saben dónde meter tantos paquetes. Abren y cierran las puertitas de arriba y se amontonan. ¡Qué horror! Esa gente no debería viajar en avión. Se deberían ir en barco, como los inmigrantes de Europa oriental que llegaban a Estados Unidos por Ellis Island. Además, ¿por qué no los subirán por atrás, digo? Como que bastante pagas para que además entren por la misma puerta que los de First Class (1 277 dls).

Mientras pienso todo esto, volteo a ver a mi marido (Nivel socioeconómico: A. Lugar de residencia: Cumbres de Acultzingo, Lomas. Ingreso familiar mensual: $80 000 000 N$80 000. Educación: Instituto Cumbres, egresado de la Ibero, Maestría en el extranjero, IPADE. Automóviles: Grand Marquis (importado), Passat (importado), camioneta Blazer (Chevrolet) y un Golf. Empleados domésticos: cocinera, dos recamareras, mozo y chofer) y me lleno de satisfacción. "¡Qué diferencia!", me digo. Su suéter di-vi-no de cashmere, pero del caro, ¡eh!; sus pantalones grises superclásicos; sus mocasines pre-cio-sos Salvatore Ferragamo (yo se los regalé y me costaron una fortuna, pero no me importó, porque los pagué con la comisión que gané con el condominio del edificio de Alpes); sus canitas en la sien (de prosperidad, como dice Susanita, la de Mafalda). Antonio no es que sea guapo, pero es todo lo que soñé: un señor bien, conoci-do, e-du-ca-do, decente, ¿qué más se puede desear?

Es muy curioso, pero así como en los aviones, en Primera, te tratan con respeto, sucede lo mismo en los hoteles. Me he fijado que en los que son medio chafas, hasta los mismos empleados te atienden mal; claro, es que han de decir: "Éstos también son chafas, por eso vienen aquí".

¿A poco no es rico que llegas a tu superhotel, como nosotros llegamos al Regency (540 Park Avenue, cuarto doble 300 dls), y te reciben con una sonrisa y te dicen: *"Ah, Mr. and Mrs. X. Welcome back! We have several messages for you"*. En esos momentos, volteo luego luego para ver si alguien oyó y que vean que somos co-no-ci-dos. En este tipo de hotel es muy importante dar buenas propinas y traer puesto cosas buenas. La verdad es que yo sí creo que como te ven, te tratan. Si llegas superbien vestida, con un supertraje sastre, una supermascada de seda y con una superbolsa, te tratan ¡super! Me he fijado que en los buenos hoteles, los *doormen* y las mucamas también son muy *snob*. A leguas identifican qué tipo de turista eres y si vienes del Primer o Tercer Mundo.

Ya en el baño acomodo inmediatamente mis pinturas Chanel y mis cremas de Guerlain, para que las *maids* (en el Regency son francesas) vean quién eres y para que después te traten mejor. Me encanta cómo las acomodan todas en filita, del frasco más grande al más chiquito.

En el cuarto (siempre nos dan el mismo), mientras Antonio inspecciona el servibar y mueve la calefacción, yo me pongo a hablar por teléfono para hacer planes. Hay que conseguir bole-tos para *Les Misérables* en el Imperial y *The Phantom of the Opera* en el Majestic Theater. Y ver qué hay en el Metropolitan

Opera House. (A mí, la verdad, medio que me aburren la ópera y los conciertos. Pero qué remedio, hay que ir, porque si no, ¿qué les contamos a los del grupo cuando regresemos a México?) ¡Qué risa! Me acuerdo que, una vez, de regreso a México desde Japón, hice escala en Nueva York y me tocó sentarme junto con Leonor, que me había insistido mucho sobre las maravillas de Kyoto. A mí la verdad, ya estando allá me dio tanta flojera ir, que de plano me lo salté y cuando la vi me preguntó si había ido. Y tuve que inventar todo, porque no me atreví a decirle que no había ido. ¡Casi me muero! Por eso es muy importante SÍ ir a las cosas, aunque no te gusten o no te llamen la atención; si no luego, ¿qué dices?

Mientras Antonio sigue cambiando a cada rato el canal de la tele, me pongo a checar qué exposiciones hay en el MET, la que me recomendaron del MOMA (todo el mundo me la ha comentado). Ese museo me encanta porque en la tienda venden unos pósters ¡di-vi-nos! También hay que ir al Guggenheim. ¡Qué padre! Yo siempre he dicho que no hay nada como vivir en México, como mexicana rica. Eso sí, siempre y cuando puedas viajar también como rica, para cambiar de aires, comer delicioso, comprar cosas maravillosas, etcétera, etcétera.

Bueno, pues ya que chequé lo de los museos, pongo mi tina con burbujas de las que hay en el baño, o sea las que regala el mismo hotel, para descansar del avión y sentirme en forma para ir a cenar. Y desde allí, con mi mascarilla hidratante en la cara, le sugiero a mi marido: "Antonio, háblale a los Suárez, a ver si los vemos hoy. Algo tranquilo, tipo Post House o Gino's, ¿no? ¡Lástima que ya cerraron Les Pléiades, porque me encantaba! Ah, oye, háblale al *concierge* para hacer reservaciones en Le Cirque (58 E 65th St.), para comer un día. Y en La Grenouille (3 E 52nd St.) para cenar. ¿O prefieres ir al Box Tree? (242 E 50th St.), hace años que no vamos".

Ya en el restorán, me doy cuenta que yo me arreglé tipo México. Las señoras están mucho más informales y por un momento me siento como las que critico que viajan en Turista: superemperifolladas. Bueno, pero además, ¿qué tiene? Las mujeres elegantes siempre estamos bien, ¿no? Allá esas gringas fachosas. Uuhmm ¡qué delicia!, ordeno lo que no puedo comer en México: unas almejas *little neck* y unas *lamb chops,* ¡buenísimas!, gordas y rositas. Para terminar, pido unas frambuesas frescas y un Decaf, para dormir bien. Cuando llegamos al hotel, está la cama lista. ¡Qué rico! Con tu chocolatito de *Good night* y oliendo a limpio. Estoy muerta. Y me duermo soñando en lo que me voy a comprar... pensando que en decenas de vitrinas de tiendas padrísimas hay cosas que me están esperando, que ni conozco, pero que van a ser ¡mías!

Al día siguiente, a las nueve de la mañana, nos traen el desayuno del *Room Service:* waffles, cereal, croissants, mermeladas... Yo, como de costumbre, no abro las mermeladas y guardo los botecitos en mi maleta. Antonio refunfuña porque le arrebato la suya para guardarla. Me encanta llevármelas a México, igual que las cremitas del baño, el champú, los jaboncitos... Luego invito a mis amigas a desayunar y se quedan de a cuatro. "Ay, ¿estuviste en Nueva York últimamente? Ay, pero de esas mermeladas ya las encuentras aquí en Polanco", dicen. Ésas son las típicas envidiosas.

Nos vamos en taxi al MET, porque al mal paso hay que darle prisa. Y desde la ventana admiro Central Park. Y me dan ganas de hacer *jogging* allí entre esas copas de árboles tan maravillosos. Ahora con el TLC, deberían de importar árboles frondosos de ésos, que cuando viene el otoño sus hojas se vuelven rojizas. ¡Qué padre! Me voy a comprar muchas cosas en el Museum Shop. Le prometí llevarle a mi mamá unos aretes de perlas igualitos a los de Lady Di. Me urge acabar con lo que hay que hacer a fuerza, para luego atacar las tiendas con gusto. Y no estar con el remordimiento de que "no he cumplido".

Ya en las salas del museo empiezo despacito, pero después paso como un chiflido para ya estar libre. ¡Ya cumplí! Ya puedo

comentar con los del grupo. Además, como siempre, te encuentras a alguien conocido: "¡Hola! ¿Qué pasó? ¿Dónde están?
Vamos a ir hoy a comer a Le Cirque. ¿Y ustedes? A ver si nos
vemos, ¿no?" La verdad que lo que más me divierte es encontrarme gente co-no-ci-da desde el avión en México hasta en los
department stores. Sobre todo en los restaurantes, cuando llegas
con *shopping bags* de boutiques buenas. Entras así, como muy
derechita con tu *fur coat* de Alexandros sobre los hombros, que
en México ni usas, y pides una mesa, en fran-cés, para que te
hagan caso más rápido. *"Pardon, Monsieur, nous voudrions une
table."* Te instalas. Junto a ti, pones tu bolsa de Christofle, tu
paquetito de Hermès y otra bolsa de Weston. Así, como si
nada. Como si eso lo hicieras todos los días de las semanas de
cada año. ¡Ay, cómo me encanta comprar caro! Bueno, pues
entonces Antonio pide su Martini Up y yo una cerveza, y a
comer otra vez lo que me encanta: salmón ahumado con queso
crema y *bagels, scallops,* etc. Se me hace muy chistoso que el
mesero, que se ve a leguas que es mexicano, sin embargo nos
hable en inglés. Luego va y le pasa la orden obviamente en
español a otro, también mexicano. Pero ambos, él y nosotros,
seguimos la farsa y nos negamos a reconocernos. No sé ya quién
esnobea a quién.

Después de la comida, tarde, horario mexicano, nos vamos
despacito al hotel viendo cada uno de los aparadores en Madison. Y se me hace agua la boca viendo los zapatos, los vestidos,
la joyería de fantasía. Si me pongo lista, a lo mejor me compran
algo en esos momentos. Es chistoso pero, para ciertas cosas,
Antonio es supercodo. En cambio, para otras es de lo más
generoso. Me acuerdo que tuvo una época de tacañería horrible.
Quién sabe qué le pasaba. Entre más le pedía dinero, más me lo
negaba. Cuando se me antojaba algo, le decía a alguna de mis
amigas que me acompañara para que firmara en su tarjeta, y
cuando recibía su estado de cuenta, yo se lo pagaba. Lo que
también hacía era esconder mi *shopping* en la cajuela. Después

de dos días lo sacaba, medio arrugaba lo que había comprado y luego lo colgaba como si se tratara de algo ya usado.

—¿Es nuevo tu vestido? —me preguntaba Antonio.

—Ay, para nada. Hace años lo tengo.

Para que no se enojara empecé a mentirle. Cuando compraba algo para la casa, le decía que me había costado la mitad del precio. "Alejandra es buenísima para encontrar unas supergangas", les decía a sus amigos. También en esa época me dio por tomarle dinero de su cartera. "Yo a mi marido sí lo bolseo", confesaban con toda naturalidad muchas de mis amigas. Entonces pensé que tal vez no era tan malo (ni pecado) bolsear al marido. ¿A poco no en la Epístola de Melchor Ocampo se dice que todo lo que es del esposo también le pertenece a la esposa? ¿Verdad? Mientras él se bañaba, yo me levantaba de la cama y en puntitas iba a buscar su pantalón, le sacaba la cartera y tomaba de dos a tres billetes, dependiendo de mis necesidades (deudas de la casa, tipo carnicería, tintorería, costurera, etc.). Lo curioso es que nunca se daba cuenta. Al principio, claro, me entraban unos remordimientos espantosos. Pero al cabo de un tiempo, me fui acostumbrando. Se me volvió como un hábito.

Cuando viajábamos, también lo hacía. Por ejemplo, si íbamos a Nueva York, le sacaba dólares. Si estábamos en París, eran francos. Cuando fuimos a Japón, de su cartera de cocodrilo Dunhill tomaba varios billetes de yenes. Y como nunca de los nuncas se daba cuenta, pues yo seguía haciéndolo de lo más tranquila. La verdad es que su actitud empezó a intrigarme. ¿Cómo era posible que no supiera lo que llevaba en la cartera? Un día le dije: "Ay, fíjate que creo que la nueva *maid steals.* ¿A ti no te ha faltado dinero?", le pregunté. Me contestó que para nada, que era yo una mal pensada y que cómo me atrevía a juzgar a la sirvienta sin tener la menor prueba. En otra ocasión quise hacerle una prueba más. Llevaba como más de ocho meses haciendo ya saben qué todas las mañanas. Entonces, antes de que se fuera a trabajar, le pedí que me diera dinero para ir al super. Abrió su cartera y dijo: "Mira, no tengo mucho. Y ya casi no me quedan cheques. Mejor al rato te mando líquido con el chofer". Me parecía increíble que, siendo tan codo, no se percatara de nada. Por las noches a veces pensaba: "¿Qué tal que se hace el loco porque tiene una amante y se deja bolsear como para compensar, como para quitarse culpas? A lo mejor todas las mañanas, mientras le estoy sacando dinero, me filma con su camarita, y cuando tenga un extensísimo largometraje, lo llevará a la policía como prueba de mi deshonestidad". Bueno, pues el caso es que cuando empecé a trabajar, poco a poquito dejé de hacerlo. Trabajar para mí fue la solución ma-ra-vi-llo-sa. Coco Chanel decía que para que la mujer logre su verdadera independencia, tiene que ganar su propio dinero. La verdad es que a mí sí me cambió la vida tener mi guardadito y mi propia tarjeta de crédito que yo misma pago. Una vez leí una encuesta en la revista francesa *Elle* que decía que el 30% de las discusiones en un matrimonio eran a causa del dinero, el 27% eran a propósito de la educación de los niños y el 12%, por culpa de la infidelidad.

Bueno, pero estábamos en Madison Avenue. Y mientras caminamos muy tomados del brazo, hablando de vez en cuando de los gordos, comentamos todo lo que descubrimos a nuestros paso: "¿Ya viste qué padre está ese conjunto? Ay, ve esos zapatos, ¿no están lo máximo? Ay, a mí me encanta Céline, ¿venimos mañana? ¿Te imaginas cuánto ha de costar ese collar de perlas? Ha de ser de Van Cleef. Mira, allí está Crouch and Fitzgerald, ¿no te encantaría comprarte esa petacota? ¿Quieres que de una vez pasemos a Davidoff a comprarte tus puros? ¿No te fascinaría tener una chamarra de piel así? Te lo juro que si me compras ese chal, te voy a querer toda la vida. Mira, qué vitrina tan divina. Aquí en Nueva York sí saben arreglar vitrinas. ¿Qué tal las de México? ¿Verdad que son ho-rri-pi-lan-tes? Por más que te pregunto cuánto es lo máximo que puedo gastar, no me contestas. Ya ves cómo eres malo conmigo. ¿Debo interpretar tu silencio como que en este viaje no hay límites? Mira, si te portas bien te voy a comprar esos zapatos grises de cocodrilo. ¿Te imaginas cómo te verías? ¿Sabes a quién le fascinarían? A Beto. Es más, creo que Ana Paula ya le regaló un par. Ja-ja-ja. Y hablando de cocodrilo, ¿cuándo me vas a comprar mi bolsa Hermès? ¿Hasta que cumpla 50 años? Ay, mira esas botas de gamuza negras. ¿No están di-vi-nas? La verdad es que no están caras. Cuestan seiscientos dólares". Y así, comente y comente, llegamos al hotel para descansar antes de arreglarnos para ir al teatro.

Mientras Antonio prende la tele y cambia automáticamente a todos los canales, yo, como soy muy ordenada, guardo mis compras en mi maleta y las bolsas y cajas de las boutiques, porque cuando me prestan algo y lo devuelvo, o quiero mandar cualquier cosa, me gusta ponerlo en este tipo de empaques. Son horribles las señoras que te mandan, por ejemplo un suéter que les prestaste, en una bolsa de plástico de la tienda De Todo. Una vez, Ana Paula me mandó mis anteojos negros que olvidé en su casa en una bolsita de París Londres. Me quería morir. Tenía ganas de llamarle por teléfono y darle el tip. Bueno, entonces apunto lo que gasté y reviso mi lista de lo que nos falta: pasar a la farmacia del Waldorf Astoria y preguntarle al cubano Wilfrido cuáles son las últimas vitaminas que recomienda; comprar los encargos de los gordos, pinzas para mis tubos calientes, el veneno de las hormigas, un buen molde para soufflés, mi traje pantalón, pasar a Tiffany para ver unos aretes informalones, comprar algo para mi mamá y a ver qué más veo...

Suena el teléfono y resulta que son los Suárez. Habíamos quedado en vernos, pero no pueden porque los invitaron a una cena. Pero mañana nos vemos para cenar. Comentamos el *shopping*, la comida, y les recomiendo ampliamente la visita de la New American Wing y la galería de arte asirio en el MET (¡hipócrita, con lo que me aburrí!).

Después del teatro, vamos al Russian Tea Room (150 W 57th). Y claro, estaba llenísimo. Había mujeres guapísimas, parecían modelos del *Vogue*. Aunque he ido mil veces, me encanta porque siempre me encuentro a alguien co-no-ci-do. Cuando digo "alguien" me refiero desde a mi vecino hasta Donna Karan, que aunque ella no sepa quién soy, yo sí sé, y eso es lo que cuenta.

Al día siguiente me pongo un supertraje de los que me compré en Europa para ir a Saks, porque quiero que me vean superelegante. Siempre que paso por la catedral de Saint Patrick me dan ganas de ir a ver a la Virgen de Guadalupe que dicen que está allí. Pero me da pena. ¿Qué tal si me encuentro a alguien conocido? Y yo como mensa pidiendo perdón por mis pecados y por ser tan consumista, ¿no? Ay, no ¡qué oso! Bueno, la verdad es que preferiría venirla a ver aquí que a la Basílica. Allí sí de plano no me dan ganas de confundirme con toda esa chusma. ¿En qué idioma se le rezará aquí a la Virgen? Chance un día me animo y voy.

Bueno, pero estábamos con Saks. Me encanta ir porque allí se siente un ambiente tan relax. Ojalá que en el departamento de corbatas todavía esté trabajando ese vendedor chino encantador que se llama Sunshine (¡*sunshine*!) Yang. La última vez me recomendó unas corbatas Hermès para Antonio, pre-cio-sas. Y ya allí, me lanzo a comprar ropa para los gordos. Calzones por docena, piyamas, suéteres, pantuflas, batas, trajes de baño, *jeans,* bermudas, playeras, calcetines. Todo. Y rápido, rápido para que me dé tiempo de pasar al piso de los Diseñadores a ver qué hay de barata. ¡También me encanta encontrar oportunidades de barata! Me entusiasman tanto que siempre acabo gastando el doble. Pero típico que entre las baratas descubro de puritita ca-sua-li-dad vestidos divinos de Anne Klein, los clásicos *basic black*, in-dis-pen-sa-bles para un guardarropa perfecto. No puedo resistir a los de Liz Claiborne, de Ralph Lauren, de Giorgio Armani, de Donna Karan, de Oleg Cassini...

Entonces se me olvidan mis buenos propósitos. Y compro a toda velocidad, como para que nadie me cache y no tenga tiempo de arrepentirme antes de pagar. Y la cuenta, la divido entre las dos tarjetas de crédito, así creo que me sale todo más barato. Ya estaba a punto de salir cuando de repente veo un saquito rojo pa-drí-si-mo de piel muy estilo Chanel con botones dorados. La verdad es que me encantó cómo lo habían combinado con un suéter negro y una falda recta larga hasta los tobillos. Estaba viéndolo y en esos momentos se acercó la vendedora y me dijo que ese conjunto había aparecido en la portada del catálogo de Saks y que ese saco ya era el único que les quedaba. Pensé que se me iba a ver perfecto con millones de cosas, con pantalones y vestidos. Entonces, lo compré (475 dls). Pero eso sí, me vi muy bien, porque no compré ni el suéter ni la falda, no obstante que me moría de ganas.

Hoy quedé en comer con mi amiga Isabel en La Brasserie, por eso me tengo que apurar. A Antonio lo invitaron a jugar golf a Westchester. Esta mañana se fue elegantísimo. Con sus pantalones de gabardina, su cardigan color vino, su camisa Valentino azul clarita y su gasnet, y el agua de colonia que le compré, de Ricci Club. Se veía superbien. Antonio tiene la suerte de que cuando viaja, no se le ve el clásico tipo mexicano. Podría ser, por ejemplo, francés, argentino o hasta inglés. Para mí, la prueba de fuego es un aeropuerto internacional del estilo del de Nueva York: si te confundes con el resto, ya la hiciste. Pero si al contrario, te disparas porque pareces como iraní o marroquí, estás perdido. Antonio, por ejemplo, se ve divino con su gabardina Burberrys. No se le ve chafa. En cambio, hay mexicanos que cuando la usan, a leguas se ve que se la acaban de comprar.

Llego rayando y con mis paquetes (menos mal que está muy cerca). El restorán está lleno. Pero como a mi amiga ya la conocen, y el que acomoda le habla en francés por eso, nos pasan superrápido. *"Smoking or non-smoking? This way, please..."* Platicamos, chismeamos y comemos mucho más que los demás, porque los otros piden un lunch de lo más ligero. O bien piden un sandwich de cualquier cosa, o quiche con ensalada u omelette y punto. Nosotras nos tardamos más, pedimos dos platos, vino, postre, café y el restorán se vacía. Y claro, nosotras seguimos cotorreando:

"¿Quién crees que se divorció?" "En Mexiquito todo sigue igual; la única diferencia es que ahora todos los productos que compras dicen *Made in*..." "Dice Antonio que Aspe puede llegar a ser el próximo presidente de la república. Claro que es un *wishful thinking*..." "No sabes lo bien que me ha ido. He vendido varios condominios y una que otra casa. Pero a veces me da flojera hacerle la barba a los clientes. Lo que me gustaría tener es una boutique de una marca extranjera." "¿Te enteraste que los de Chanel entrevistaron a Leonor para ver si quería ser su *public relations*?" "No sabes la cantidad de boutiques que se están abriendo en México. Te juro que ya encuentras de todas las marcas super. Acaban de abrir una boutique que se llama Ambra's, donde te venden vestidos de hasta $15 000 000 N$15 000 de Jean-Louis Scherrer, Ungaro, Christian Lacroix, Valentino, Thierry Mugler y Karl Lagerfeld. Y también ya inauguraron la de Max Mara. No te puedes imaginar lo bien decorada que está. Te lo juro que parece italiana. Cuando vengas a México vamos juntas, ¿no?" "¿Te acuerdas de Presidente Masaryk? Bueno, pues ahora es nuestra Fifth Avenue."

En el restorán sólo quedan latinos: españoles, italianos, etc. Los gringos se esfumaron. Y cuál no será mi sorpresa que en la mesa próxima está nada menos que la duquesa de Badajoz. Llena de paquetes como yo, pero de tiendas mucho más ¡chafas! ¿Quién iba a decir que la hermana del rey Juan Carlos comprara en esas tiendas? Lo que pasa es que ella no necesita gastar para ser duquesa. Ella de todos modos lo es, aunque se ponga ropa de negra... Isabel, mi amiga, intrigadísima me pregunta cómo sé quién es. Y yo le digo sorprendida: "Pues del *¡Hola!* ¿A poco no sabes que sale todas las semanas?"

Nos despedimos y me voy rápido a Bergdorf Goodman (754 Fifth Ave). Camino rápido mientras pienso qué me puedo comprar aprovechando que no está mi marido que me apura todo el tiempo y me pregunta siempre si de veras necesito eso... La verdad, qué lata que cierren las tiendas tan temprano. Debería haber un horario especialmente para extranjeras que vienen a Nueva York a hacer su *shopping*. Con esos horarios apenas si puedo peinar un piso. Bueno, pero por lo menos pude comprar un vestido de Nippon rojo, in-cre-í-ble. Me costó un poquito caro, pero valió la pena (365 dls). Y un suéter de cuello de tortuga gris perla que me hacía mucha falta para mis sacos de tweed. Lo bueno en Estados Unidos es que puedes devolver lo-que-se-a, así que no importa comprar sin pensar, al fin que en el hotel lo piensas luego. La primera vez, regresé a Galeries Lafayette (las de Nueva York) a devolver un impermeable, muerta del susto. Creí que me iban a mandar por un tubo. Pero para mi sorpresa, ni me pelaron. Ni era la misma señorita, ni nada. Nada más pidieron la nota y ni revisaron lo que devolví, ni preguntaron por qué. Yo ya iba preparada con miles de historias, tipo criada mexicana, pero no me dieron chance ni de comenzar. La empleada tomó la bolsa, hizo un *credit* en su máquina y me dijo: *"Good-bye"*. Y yo me fui entre alivianada y sorprendida, como frustrada de que no le hubieran dado importancia a mi devolución.

En la tarde nos fuimos a cenar con los Parada a La Grenouille. Según yo, iba guapísima y elegantísima con mi saquito rojo de piel tipo Chanel, con unas mallas negras opacas y unos zapatos de gamuza del mismo color que el saco. Y la verdad, ya que llegas ahí, te ves (por lo menos yo) como el periférico junto a un *free-way*. Todo lo que creías que se veía bien se te empieza a hacer gacho, gacho. Como que te comienzas a sentir *fake*. Como que hay algo que te falla. Como que a pesar de que tienes puesto un supervestido carísimo, con un chal in-cre-í-ble, te ves como local de los setentas. La verdad es que no logro entender qué nos pasa a las mexicanas cuando viajamos. Incluso las que son guapísimas y millonarias como son Ana y Sofía, cuando me las he encontrado aquí, se ven fatales. Parecen como esas venezolanas nuevas ricas. Como que siempre hay algo que nos traiciona, pero no sé qué es. Será que hablamos mucho con las manos, o gesticulamos demasiado. Será que no hablamos quedito o que nos reímos muy fuerte. Será que somos demasiado espontáneas y vehementes. Afortunadamente le hablo al mesero en francés y como que nos trata mejor. Los señores hablan de la Bolsa y nosotras, del *shopping*. Nos damos tips de los *sales*. Y obviamente nos echamos guayabazos de lo que compramos. "¡Ay, tú siempre encuentras cosas padrísimas!" "Tú sabes perfecto lo que te queda." La cuenta es exorbitante, pero al fin y al cabo ¿para qué es el dinero sino para gastarlo?

Al día siguiente, nos vamos temprano en taxi *midtown* abajo, hasta el New York Golf Center de la Calle 35, porque mi marido quiere comprar un *drive* que está de moda y unas pelotas que le encargó su *caddy*. Y yo me aburro como ostra. Pero me aguanto, porque ya me prometió que después me llevará a la tienda de Polo a comprar un vestido que vi en una revista y la verdad que está carísimo. Así que ni modo.

Cuando por fin termina, tomamos un taxi para irnos hasta la 72, en donde me espera mi tan anhelado vestido. Vuelo por las escaleras porque tengo demasiadas ansias para esperar el elevador. Y llego, con el aplomo de que sí voy a gastar, al Collection Room. Se me acerca una vendedora que parece mi-llo-na-ria y me pregunta qué quiero. Luego luego, con un aire de lo más *blasé*, le pido el vestido y, ¡oh decepción!, me dice que todavía no lo reciben. Y que además hay una lista larguísima de espera y que si me quiero apuntar. ¡No lo puedo creer! ¡Qué mala suerte! Y por supuesto, yo de mensa que me apunto. Y hasta se lo pago por adelantado. No vaya a creer que estoy blofeando. (Total que era puro cuento, porque al día siguiente me habla pra avisarme que ya me lo consiguió y que me lo manda al hotel. ¿Qué tal su táctica, eh? Eso sí que es darse a desear.)

Y así sigue el viaje en pura ficción. Más comida de lujo, y más compras de lujo, y más horas en el hotel de lujo, etc. Y yo, gaste y gaste; come y come; compre y compre, y todo para poder decir y contar y comparar.

Yo no sé qué harían los gringos si no hubiera mexicanas como yo; ni qué haría Ralph Lauren sin mí. Y el *concierge*, y el *doorman* sin mis propinas millonarias... Total que ya me quiero regresar porque ya ni me cabe lo que compré en las maletas y ya como que me cayó mal tanto salmón, y tantos waffles y tanta champaña... Y además, ya me urge ir a estrenar todo. Y total, ya no sé si disfruto el viaje porque cumplo (con los cánones sociales) o porque de veras me gusta pasear. O si lo que me gusta es decir que paseé... o si me gusta viajar porque regreso. Francamente, sale muy caro para ni siquiera saber por qué lo hago. ¡Qué bárbara! Pero, pues hay que ir, ¿no? Si no, ¿qué van a decir mis cuates?"

UN *WEEK-END* EN VALLE

"El dinero es también el medio para asegurar el mínimo vital, el mínimo de decencia. Los que no lo tienen sueñan con un mundo donde desearían tenerlo al alcance. El lujo librado de toda culpa, el placer y el confort, eso es lo que el dinero puede hacer posible. Y algunos se ocupan de ello, Como decía Albert Cohen en su novela *Bella del Señor:* 'en virtud de un movil sano, vivir, resistir, perdurar... esa es nuestra fortaleza, el dinero para nosotros, pobres desterrados, pobres errantes'".
(L'argent. Edit. Autrement).

A Sofía le encantaba ir al mercado de Valle vestida con sus huipiles guatemaltecos todos bordados a mano. Por lo general los combinaba con faldas de algodón largas hasta el tobillo. A lo largo de muchos años, se había hecho de una colección muy original de cinturones, collares y rebozos. Esta afición le vino muy poco tiempo después de haber descubierto a su heroína, Frida Kahlo. Desde entonces, Sofía se convirtió en su gran admiradora. Durante meses leyó todo lo que se había escrito acerca de ella. Más de diez veces fue a visitar la Casa Azul en Coyoacán. Estaba convencida de que Frida Kahlo y ella tenían muchísimo en común. "Para mí es como una hermana postiza", decía. Cuando descubría un huipil oaxaqueño o guatemalteco, de inmediato pensaba: "De seguro éste lo hubiera comprado Frida". A pesar de que tenía más de quince, cada vez que se encontraba con uno diferente lo adquiría o lo apartaba, según el precio.

Sofía era de las que dejaban la mercancía apartada durante meses. No iba a buscarla hasta que de las tiendas le hablaban por teléfono con insistencia. A veces nada más dejaba como depósito diez por ciento del costo, con tal de asegurarse su compra. En una ocasión descubrió en una boutique de Valle un viejo huipil precioso que venía de Michoacán. Lo apartó con un cheque de $200 000 (N$200), sobre $1 500 000 (N$1 500) que costaba. Pasaron muchos meses y Sofía se olvidó por completo del huipil. Una tarde su hija entró a la misma boutique y lo vio. "Sabes, mamá, hoy vi un huipil ¡de pelos! igualito a los que te gustan. ¿Quieres que pregunte cuánto cuesta?", inquirió Ita. Por la noche le comunicó que el huipil estaba apartado y que no lo podían vender. Al otro día, Sofía fue a la tienda y allí la atendió una vendedora nueva. "Ayer vino mi hija y vio un huipil precioso, pero le dijeron que estaba apartado. ¿Podría verlo por favor?" Se lo mostraron, pero Sofía era tan olvidadiza y distraída que no lo reconoció. Lo miró. Le encantó.

—Ay, señorita, ¿seguro está apartado?

—Mire, aquí en el papelito dice "apartado".

—Pero, ¿usted cree que van a venir por él?

—No sé, señora. Yo creo que lo más seguro es que sí.

—¿Por qué no le habla por teléfono a la persona para cerciorarse?

—No sé cómo se llama. Si quiere, pase usted mañana y le pregunto al dueño.

Veinticuatro horas después, se presentó Sofía.

—Dice el señor que la persona del huipil no dejó teléfono. Que es una señora que se llama Sofía no sé qué, que tiene casa en Valle de Bravo y que lo apartó con un cheque.

—Ay, señorita, yo también me llamó Sofía y tengo casa en

Valle. ¿No se acuerda cómo se apellida? ¿Por qué no ve su nombre en el cheque, a lo mejor hasta la conozco.

Muy obediente, la empleada abrió un cajón del escritorio, y entre muchos papeles y recibos que estaban en el interior de una caja de latón, sacó el cheque del Banco del Atlántico. Cuando Sofía identificó el rasgo de su firma, no lo podía creer.

—Ay, señorita, qué pena, pero fíjese que ese cheque es mío. Híjole, yo fui la que aparté el huipil y ya ni me acordaba, ¿usted cree?

No, la señorita no lo podía creer. Mirándola con absoluta desconfianza, le preguntó:

—¿Cómo sé que es usted?

En esos momentos Sofía no llevaba la chequera, ni licencia, ni otro documento que la identificara.

—Ay, señorita, ¿por qué la engañaría? Si quiere le reproduzco la firma.

Pero la empleada parecía no creerle.

—Mejor venga mañana y hable con el señor.

Al día siguiente, Sofía regresó con su chequera y su licencia (vencida). Cuando salió de la tienda, estaba feliz; nada más había hecho otro cheque por $1 300 000 (N$1 300) De alguna manera sentía que se había ahorrado doscientos mil pesos. Ésta era una de las anécdotas predilectas de Sofía. Cada vez que podía, la contaba muerta de la risa.

Por el momento, Sofía y Fernando (Nivel socioeconómico: A. Lugar de residencia: Lomas de Chapultepec. Ingreso familiar mensual: $70 000 000 N$70 000. Educación: Instituto México, UNAM, Maestría en Londres. Automóviles: Grand Marquis, camioneta Taurus, Jetta GT, Volkswagen. Empleados domésticos: cocinera, dos recamareras, lavandera, chofer, vigilante) rentaban una casita (2 000 dls mensuales) muy cerca del pueblo, ya que se encontraban construyendo una en el exclusivísimo fraccionamiento del club La Peña. El arquitecto era Daniel, el marido de Inés. No obstante que Fernando lo encontraba un poquito caro y medio impuntual, tenía confianza en su estilo, gusto y acabados. Además le gustaba su manera de trabajar. De lo único que se ocuparía Fernando sería de pagar semanalmente al responsable de la obra. Daniel contaba con un equipo de trabajadores espléndido. Su maestro de obras controlaría albañiles, pintores, carpinteros, plomeros, electricistas, etcétera, etcétera. Sobre planos corregidos y vueltos a corregir por sugerencias e indecisiones de Sofía, el estilo de la casa sería modernista rústico mexicano. De techos altos, grandes muros, espacios amplios, patios interiores, *bay windows*; cada recámara (seis en total) con una terraza y un porche de donde se dominarían el lago y las montañas. Después de calcular, sumar y multiplicar y tomando en cuenta la comisión de Daniel (12 % por ser cuates), Fernando llegó a la conclusión de que con el terreno y la construcción, el costo total de su casa de Valle sería de 500 000 dólares ($1 600 000 000 N$1 600 000).

Sin duda era una inversión importante. Sin embargo, prefería por un tiempo "apretarse el cinturón" con tal de tener la oportunidad de salir de la ciudad de México, con la familia, por lo menos una vez a la semana. Muchas veces, cuando iba por el periférico, sumido en un tráfico impresionante, pensaba: "Qué maravilla cuando ya tengamos la casa en Valle. Si me organizo bien con la chamba, nos podríamos ir desde los jueves por la noche, para quedarnos tres días completos. Esta ciudad está imposible. Para mí que no tiene solución". En el fondo, Fernando sabía perfectamente que sí se podía organizar muy bien para salir temprano los jueves. ¿Acaso no eran precisamente esas tardes cuando se dirigía hacia la calle de San Borja? Ahora que estuviera terminada la casa de Valle y que efectivamente se fueran de *week-end* a partir del jueves, ¿qué le diría a la verdadera dueña de sus pasiones descosidas? "Oye, ¿no te importa que mejor nos veamos los martes por la tarde?" En una semana tan pequeñita, ¿tendría tiempo para ocuparse con la debida atención de trabajo, familia, amiga del alma, compromisos sociales, citas con clientes y viajes de negocios? "Es cosa de organizarse", le dirá probablemente a la de San Borja. Y ésta se pondrá, como consecuencia, cada día más furiosa: "Fíjate cómo eres. Ya no tienes tiempo para mí. Ahora resulta que desde los jueves necesitas respirar aire puro de los pinos de Avándaro. Lo que sucede es que ya se te esfumó la pasión. Pinche burgués. A mí nunca me has llevado a ninguna parte a respirar oxígeno. Eres un idiota. ¿Qué crees, que voy a estar a tus órdenes? El último martes me cancelaste porque tenías demasiado trabajo. Eso me saco por meterme con un licenciado de Las Lomas". Cosas por el estilo, y hasta más, probablemente, le reprochará la de San Borja al pobre de Fernando que por más que quiera, no podrá abarcar tanto. Pero, ¿qué le dirá a la de Las Lomas cuando llegue tarde los martes a su casa?: "No sabes, Sofía, qué tráfico. Cuando te hablé por el celular estaba todavía hasta por la avenida Universidad, donde fui a ver lo del filtro de la piscina de la casa de Valle".

En el mercado de Valle de Bravo, Sofía compraba la verdura, la fruta, las flores y el pollo. De México se traía todo lo demás, incluyendo la carne. Por lo general, todos los jueves por la tarde iba al Aurrerá de Ejército Nacional. "Me fascina ir a ése, porque parece americano." Conforme Sofía caminaba lentamente, empujando un flamante e inmenso carrito (en el cual cabe, aparte de una compra para quince días, una grabadora y una televisión con todo y sus bocinas), por los largos y espaciosos corredores del super, tenía la impresión de ir entrando poco a poco en el Primer Mundo. ¡Cuánta comida y cuánta variedad! ¡Cuánto de donde escoger! ¡Cuántas marcas diferentes e internacionales! ¡Cuánto orden y limpieza! Pero sobre todo, ¡cuánta prosperidad en un país de más de ochenta y tres millones de habitantes! (Ay, si en este caso también pudiéramos eliminar tres ceros, seríamos entonces ochenta y tres mil mexicanos disfrutando de todos estos privilegios. ¿Acaso no es ése precisamente el número de mexicanos que tienen derecho a ellos?)

Indecisa como era Sofía naturalmente, lo era todavía mucho más cuando iba de compras al super de Ejército. Si de pronto se encontraba frente al departamento de limpiadores y detergentes, y veía más de diez marcas diferentes de importación (principalmente de Estados Unidos), sufría por no saber por cuál de todas decidirse. "¿Éste? Ay, no, éste no. ¿Qué tal estará éste? Bueno, me llevo este Carpet Science, porque dice: *Makes your life easier*. Y también voy a comprar este New Tide Free porque huele a Estados Unidos."

La misma sensación tenía cuando se encontraba frente a los mostradores de catsups, mermeladas, champús, latería, jabones de tocador (para el baño de visitas siempre compraba Dove), desodorantes, pastas, gelatinas, aceites, toallas sanitarias, etc. En el que más padecía, por su extensísima variedad, era el de los cereales. Había tantas y tantas marcas que temía equivocarse y no comprar exactamente la marca *qu'il fallait*, como ella misma decía. Pero gracias a Dios, se acordaba más o menos de las preferencias de su familia. Para Ita, se llevaba Whole Grain Crispy Brown Rice, de Grainfield's. A Fernandito le compraba The Addams Family, de Ralston. Sebastián siempre le pedía Cocoa Pebbles. Y Fernando grande nada más comía Crispy Wheats'n Raisins. En el carrito de Sofía siempre había varias cajas de arroz Uncle Ben's, en todas sus formas y tipos: el salvaje, el que tiene sabor a queso, el que está listo en cinco minutos, el que no engorda, el que sabe al auténtico chino, el que no se pega, el que tiene azafrán, etcétera, etcétera.

La familia de Sofía también era muy aficionada, durante los *week-ends*, a comer pastas (de importación, de Italia) en sus múltiples formas (tallarines, canelones, espaguetis, fideos, macarrones, ñoquis) y recetas (con mariscos, verduras, caviar, mantequilla, al horno, con salmón, etc.) Para Valle, también compraba muchos productos congelados (de importación), pizzas, *pancakes*, etcétera. Para el aperitivo se llevaba quesos (franceses, holandeses, suizos y daneses), ostiones ahumados,

calamares, mejillones (españoles), sardinas (italianas) y cacahuates enlatados (norteamericanos). En el departamento de sal-
chichonería compraba jamón cocido y crudo (español), tocino,
salchichitas, salami, patés (franceses), mostazas (francesas) y
queso Oaxaca (el único bueno para hacer quesadillas). Después
se encaminaba al departamento donde se encontraban los refres-
cos y las aguas de importación. Como tenía pavor de pescar un
bicho raro por el agua de la casa de Valle, no obstante que
contaba con un filtro, Sofía solía comprar muchas botellas de
agua mineral, ya sea de la marca San Pellegrino, Evian o Perrier.
Por último, se dirigía hacia el departamento de dulces. Cuando
tenía invitados que venían con niños, a Sofía le gustaba ofrecer-
les chocolates (de importación) Milky Way en tamaño miniatura, o barras de Mars, Caramel Crispies o Alpine White with
Almonds. Además de la nieve que vendían en Valle, como
postre le gustaba dar helado (norteamericano) Häagen Dazs.

Cuando Sofía llegaba a la caja, se sentía realmente agotada y
abrumada. "Ay, yo creo que compré mucho. ¡Híjole, va a ser un
cuentón! Y eso que todavía me falta la carne y el pescado.
Bueno, pues ni modo. Con tal de que no nos inviten a comer a
La Peña o a Los Pericos, porque si no, se me queda muchísima
comida. Claro que la puedo congelar, pero el congelador de
Valle ya está lleno a reventar. Para que no se moleste Fer, voy a
mandar mañana temprano la comida con el chofer en la camioneta y así no hay problema de si cabe o no en la cajuela."

Pero a pesar de estas reflexiones, mientras estaba haciendo
la cola y hojeando una de tantas revistas que suelen exhibir junto
a las cajas, Sofía siempre se acordaba de algo que se le había
olvidado comprar. "¿Le puedo encargar el carrito? Es que voy a
ir a buscar la harina que se me olvidó", decía a la persona que la
antecedía en la fila. Pero cuando regresaba a la cola, no nada más
traía consigo las dos cajas de harina, sino que también traía otros
tantos paquetes: de galletas (de importación), de pan, y latas que
encontraba en el camino. Cuando finalmente le tocaba su turno

y veía cómo crecía la notita que poco a poquito se asomaba por la caja, ella a su vez, como no queriendo la cosa, iba retirando productos. "Señorita, voy a quitar un pomo del *peanut butter*. No me ponga por favor esas dos salsas y las jaleas inglesas Elsenham y tampoco el enjuague de Vidal Sassoon. También voy a dejar las dos cajas de harina Mary Baker." Pero a pesar de retirar productos y más productos, las cuentas del super, nada más por los *week-ends* en Valle, oscilaban entre $700 000 (N$700) y $800 000 (N$800).

No todos los fines de semana iban a Valle los "gordos" de Sofía y Fernando. "La verdad es que Valle a veces me da güeva", decía su hija. Cuando Ita se quedaba en México, bajo el cuidado de la nana de toda la vida o de uno de sus hermanos, aprovechaba para ver a sus amigas o para ir a una discoteca. Por las tardes iba de *shopping*, o bien se pasaba horas en el teléfono.

"¿Sandy?... ¿Qué onda?, habla Sofía. No me lo vas a creer pero te tenía que hablar para contarte. ¿A que no sabes con quién salí ayer? No, no te lo voy a decir, ¡adivina! Bueno, ¿te digo? ¿Una pista? A ver...¡tiene un Jetta Carat rojo!. ($60 000 000 N$60 000) No, no es el Chacho. Bueno, ya te voy a decir. Salí con Lalo. No sabes lo di-vi-no que está. Se le quitó lo flaquito y embarneció, pero sigue teniendo *baby face*. Sí te lo imaginas, ¿no? Onda Rob Lowe. Te voy a contar cuando pasó por mí... Échate, qué amor de niño. Para empezar, olía a Eternity ($244 000 N$244); y a mí ya sabes que esa loción me mata. Traía un traje Ermenegildo Zegna ($3 000 000 N$3,000) de poca. ¿Te acuerdas de las corbatas italianas de colores folclóricos, onda las que venden en Ouch, Gian Franco Ferré ($210 000 N$210)? ¿Y te acuerdas de los calcetines de rombitos ($65 000 N$65) que quedaban de pelos con la corbata? Pues así venía. Además, de mocasines Bally (280 dls). Y un *look* europeo con corte de pelo tipo Thomas. Ya sabes, onda *GQ*. O sea, te podrás imaginar todo lo que yo sentí al verlo.*

---

* "A través de las marcas consumimos dinamismo, elegancia, potencia, esparcimien-

"Ya sabes, todo caballeroso, pasa por mí y de entrada me da una rosa de Matsumoto ($65 000 N$65), inn...creíble, como naranja con rosa. Luego luego la puse en un florero. ¿Yo? Por supuesto yo era la más nerviosa, como si fuera la primera vez que salía con un niño. Después de que llegó, ¡imagínate!, se me estaba olvidando ofrecerle algo de tomar. Ay, yo no sé dónde traía la cabeza. Lo bueno es que no tenía sed. Cuando me preguntó a qué hora tenía que llegar y le dije que no tenía hora, que mis papis estaban en Valle, me dice: 'Cuando tú quieras regresarte, me avisas. Te prometo que la vamos a pasar muy bien'. Y fue una promesa que de-fi-ni-ti-va-men-te supo cumplir.

"En fin, para no hacerte el cuento largo, nos subimos al coche. ¡Hija!, no sabes la caballerosidad del hombre. Yo juraba que ya no existían... ¡Mugre Sandy, no te burles! Cuando tú morías por el Pelón, yo me aventaba tooooodas tus pláticas. Así es que te amuelas y me oyes. Oye, espérame un momentito, está sonando el otro teléfono.

"¿Bueno? ¡Kaaaarlangas! ¿Qué onda, amiga? ¿Oye? Estoy hablando con Sandy por el otro, no cuelgues..."

(Suena pip, pip, como cuando se aprietan botones de algún aparato, y se conectan los dos teléfonos con la llamada de Sandy.) "¿Sandy, Karlangas, me oyen? ¡Yes, qué de pelos! ¡No lo puedo creer! ¿Qué tal?... ¡Benditos los AT and T! ($1 536 000

---

to, virilidad, feminidad, edad, refinamiento, seguridad, naturalidad y tantas otras imágenes que influyen en nuestra elección, que sería simplista hacerla recaer sobre el solo
fenómeno de la posición social, precisamente cuando los gustos no cesan de individua-
lizarse. Con el reino de las imágenes heterogéneas, polimorfas, proliferantes, escapamos
al dominio de la lógica de clases; la era de las motivaciones íntimas y existenciales de
la gratificación psicológica, del placer por sí mismo, de la calidad y de la utilidad de las
cosas, han tomado el relevo. Ni siquiera la pujanza de los productos de firma puede
explicarse del todo por el condicionamiento del *standing;* también ésta confirma la
tendencia neonarcisista a procurarse placer, el creciente apetito por la calidad y la estética en las categorías sociales en expansión, que se privan en ciertos terrenos para
permitirse luego un 'toque de locura', el placer de las excelencias técnicas y de la calidad
y el confort absolutos." Gilles Lipovetsky, *El imperio de lo efímero*, Anagrama, Barcelona.

N$l 536). ¿Dejan de platicar un segundito y oyen mi historia? Ahora sí podemos echar a gusto el coto, nada más nos faltan las galletitas y el cafecito. Bueno pero, ¿en qué iba...?. ¡Ah, sí! Escucha esto, Karlangas, ayer salí con Lalo. ¿Que si de pelos, mi *date*? ¡Uta, güey! de pelisisisísimos. O sea que te cuento que fue EL DATE. Te lo juro que hacía mucho que no me la pasaba tan in-cre-í-ble.

Bueno, el plan original era ir a cenar al Tai-itto y después al Duomo a bailar. Pero, típico, el Tai-itto, atascado a morir. Yo creo que se dio cuenta que tenía antojo de sushi y en eso me dice:

—¿Qué tal si vamos al Suntory?

O sea, les juro que yo pensé que era broma. Y le digo:

—¡Ay, sí claro!

"Para qué les cuento que en lo que me doy cuenta, ya estábamos en el Suntory. ¡Ay, *nerd!* Claro que iba bien vestida para entrar ahí. Traía zapatos de tacón negros de ante Gucci ($400 000 N$400), mi conjuntito negro de Moschino (500 dls), ¡claro que sabes cuál! El negro que me compré en Houston. ¡Ay, hombre, también lo vimos en Ambra's, la tienda de Masaryk, ca-rí-si-mo! Hasta me comentaste que estaba superoriginal e hiperelegante. Y para no descoordinar, de perfume me puse Cartier rojo ($445 000 N$445)... No, Karla, Samsara es muy fuerte, como que necesitaba algo más discretón... ¿Cómo crees que me iba a poner Carolina Herrera, si es mi perfume del diario? Oye, Karlita, tengo que darte unas clasecitas de cultura general.*

---

* "La moda es ese laboratorio de la identidad y de la apariencia que permite todos estos experimentos. El ofrecer la posibilidad de conseguir una mezcla propia y un look personalizado es el oficio propio de los artífices de la moda (diseñadores, estilistas, modistas) a aquellos consumidores conscientes de que la imagen propia es lo que se valora. El *look* configura no sólo la propia imagen sino la marca del producto vendible que aspiran a ser lo individuos. José Luis Aranguren ha concretado el mercadeo de la apariencia y la propia imagen de esta forma: 'Nos vendemos a nosotros mismos, intentamos convertirnos en valor estético, porque en nuestro tiempo es la imagen lo que vende y de hecho se dice ya, como elogio de alguien, que sabe venderse bien'." Margarita Rivière, *Lo cursi y el poder de la moda*, Espasa-Calpe, Madrid.

"Yo sabía que gastar tanto en revistas *Eres* no era simplemente un gasto, sino más bien una inversión. Una vez en un artículo
leí que si querías ligarte al chavo de tus sueños, lo mejor es
encontrar puntos que tengan los dos en común y hablar de cosas
que no cualquier niña pueda hablar, y así no sólo vas a demostrar
mucha personalidad sino que también inteligencia. Vaya que
sirvió el consejo, porque nos la pasamos hiperbien. No sólo
hablamos de mi futura carrera en la Anáhuac, sino que también
estuvimos platicando de expectativas de la vida. Él dice que yo
debería estudiar Comunicaciones porque tengo facilidad para
decir las cosas, además de muy amplia visión de la gente. Y la
verdad es que la idea no me pareció tan mala. Pero a mí me sigue
latiendo Psicología. ¡Imagínense qué divertido que todo el mundo te cuente sus cosas! Pero eso es algo que resuelvo el año que
me vaya a París. Ahorita mejor ni me preocupo. Primero acabo
la prepa.

"A mí me fascina que Lalo esté trabajando con su papá en
Inverlat. Como estudia Economía en la Ibero, dice que esas
ondas le encantan. Cuando me empezó a explicar que si las
acciones, que si el PIB, yo no entendí nada, pero le puse cara de
fascinación. Lo que sí entendí fue que con lo del Nuevo Peso se
van a reducir muchos porcentajes de quién sabe qué, pero que
va a ayudar a México. ¡Qué bueno!, ¿no? Me encanta que
estudie y trabaje y que además sea bueno en lo que hace.
Hubieran visto la cara de gusto cuando le dije que trabajé en
Laura Ashley de Interlomas durante el verano. Pero con la
escuela no me da tiempo de trabajar. Bueno, hay días en que sí
me daría tiempo. Pero entonces, ¿a qué horas puedo ir a los
aeróbics? Y dejen los aeróbics porque los fines o vamos a Valle
o estamos en el Club.

"¿Las novelas? Ni modo que las deje de ver por trabajar.
Cuando terminó *Baila conmigo,* juré que ya no iba a ver ninguna, pero si me ponen a Christian Castro enfrente con *Las secre-
tas intenciones,* o sea, ¿cómo dejar de verlo? Y ya viendo la de

las seis te echas la de las siete, *Triángulo*, que también está muy buena, con Eduardo Palomo y Daniela Castro. Pero hasta eso, Eddie no sale tan bien. Pero la mejor es *De frente al sol*. Se traen unos chismes buenísimos... ¡Ahh, júralo! ¡Yo no sabía que también las veías, Sandy! Ay, qué bueno, así podremos comentarlas. ¡Ay, quién viviera en una telenovela!, ¿no? Además, ni modo que trabajara los viernes, en lugar de ir a comer con las amigas. Los viernes son sa-gra-dos porque te vas a Valle en la tarde. A menos que vayas en la Ibero, que NADIE tiene clases los viernes y TODO MUNDO se va temprano. Así hasta se evitan el tráfico.

"En la cena estuvimos platicando de todo, y estuvo de pelos. Cuando llegó la cuenta, yo moría de los nervios, porque sabía que el Suntory no se distingue por barato, y como que de reojo vi la cuenta. Para mi sorpresa, no salió tan caro $450 000 N$450 una cena de dos personas con todo y Pouilly Fuissé y Bailey's. Eso fue otra de las cosas que me encantaron de mi Lalo, es super culto. ¡Imagínense, pudo distinguir la primera botella de vino que nos trajeron, de qué cosecha era y además comentó que estaba amargo...! ¿Quueéee? ¿Cómo que el vino no se amarga? Karla, me cae que te la jalas con tu ignorancia. Si no se amargara, no nos hubieran traído otra botella. ¡Ay, si me caso con él, voy a tener que tomar los cursos de cocina que tomó la naca de la amiga de mi mamá, Ana Paula, con un chef francés, según esto muy bueno...! Ah, pues sí verdad, en París está el Cordon Bleu. Ahí sí puedo aprender de pelos. Ni modo que le diga que lo único que sé cocinar son palomitas en el microondas y quesadillas. Ya me imagino... Llega de trabajar todo ejecutivo y me dice:

—Hola, mi vida, ¿qué hay de cenar?

—¡Quesadillas, mi amor!

Al día siguiente:

—¡Buenos días, Ita! ¿Qué hay de desayunar?

—Quesadillas con tortillas de maíz y salsita de lata, corazón.

Y cuando me luzca:

—¡Ay, mi vida!, ¿qué crees? ¡A un pan árabe le puse queso tipo *fondue* adentro!

"Por más original que me quiera ver, se va a dar cuenta de que son quesadillas. Así que este año tengo dos propósitos: aprender Economía e incrementar mi cultura alimenticia.

"Llegamos a Plaza Bosques y en el estacionamiento nos encontramos a los Ruiz Landero con sus respectivas... Quién sabe de dónde las sacaron, 'equis', no sé, se me figuraron medias raras. Era la primera vez que iban al Duomo. Pero eso no es lo peor. Tampoco conocían el Bandasha. Como que desde chica sabes qué es el Bandasha. Es como cultura general. O sea, y con lo que se la llevaron es que una vivía en Satélite y la otra en Las Alamedas... ¡Ay, Sandy, que sé yo dónde está eso, pero me sonó como de concurso de Chabelo: catafixiando su bicicleta, avalancha y su dotación de Ricolino por un departamento amueblado por K2 en Las Alamedas! Y el nacote, feliz, apenas si se la cree... No, Sandy, hasta eso ¡cero nacas! Más bien yo creo que eran nuevas ricas, porque la verdad no iban TAN mal vestidas. Pero gracias a Dios no nos sentamos con ellos. Porque TODO MUNDO estaba ahí. O sea, imagínense, sentarse en el Duomo con dos tipas de Satélite. ¡EL OSO!

"Teníamos reservada una mesa para seis, porque iban a llegar dos amigos suyos con sus galanas, y por lo visto se la ha de vivir ahí, porque nos querían dar mesa de pista. Pero como llegamos temprano y el sábado es clásico día que se atasca, preferimos una de las mesas que están junto al barandal. ¿Ya sabes de cuáles, no? Mejor, aunque no te vea todo mundo, pero así nadie te apachurra.

"El caso es que cuando llegaron sus amigos, ya sabes, típico te los presenta: 'Ricardo Martín....' No, no es NADA de los Martín Suárez. Es más, se me hizo raro porque ni siquiera los conoce. Nada más Martín a secas... tú dirás. Y Arturo Maldonado, uno que le decían el Burro, quién sabe por qué. A mí la verdad no se me hizo tan menso. Y cuando le pregunté que por qué le decían así, nada más se rió y me lo dejó de tarea. ¡Qué idiota!, ¿no? Igual es albur, pero la verdad es que no entendí.

"¡Y no me lo van a creer con quiénes llegaron! ¿Se acuerdan de la bolita esa de golfas del Regina?... ¿Se acuerdan de la maldita güera que se sentía lo máximo?... Sí, ésa, exactamente. La que quería con Beto cuando andaba con Mari Tere... Ajá. ¿Y de su amiguita, la Celulitis, que nos encontrábamos en Lomas Gym en los aeróbics y no bajaba de peso? ¡Pues ésas! De entrada, la güera nunca fue güera. Ahora resulta que es pelirroja... ¡Ajá! ¡Qué tal! Y la Gordis: a) se operó la pompa; b) estuvo a dieta intensiva con Jenny Craig, y c) se mandó a hacer ropa a la medida, con una modista, porque por fin se dio cuenta que está retegorda.

"¡Ahgg! Sentí cubetada de agua fría cuando llegaron a mi mesa. Lo que sí no se les quitó es lo golfas. Imagínense que entraron de la mano de estos cuates y ni siquiera andan. ¿Cómo quieren que no se hagan chismes, si ésas siempre se lo buscan?... Espérense, si creen que eso es lo peor, las cínicas llegaron a saludarme a mí... o sea, A MÍ, SOFÍA, como si nada. Y la Gordis todavía se voltea y me dice: 'Mucho gusto'. Las muy descaradas saludaron de besote y abrazo a Lalo. Les juro que en ese momento hubiera preferido estar con las satelucas.

"Cuando llegó el mesero, el Burro propuso un Wyborowa ($180 000 N$180) o un Bacardí añejo, porque las nacas querían vodka'uva, desarmadores o cubas con borracho. ¡Qué nacas!, ¿no? Ya me las estaba imaginando borrachitas con puro barato. Yo, por supuesto, mi Diet Coke. Se me quedaron viendo con cara de ya saben qué, pero la verdad es que lo que piensen esas viejas de mí, me vale. Yo no me iba a prestar a que Lalo pensara mal de mí. Pero lo más terrible fue que no se les hizo ni lo de su vodka'uva ni sus cubas, porque, gracias a Dios, Lalo le dijo al Burro: 'Oye, pero para nada. En mi mesa sólo se va a tomar Chivas ($350 000 N$350) y Hennessy ($825 000 N$825). La verdad venimos de cenar muy bien para destrozarnos el paladar con esas porquerías'. Qué les cuento, que cuando llegaron las botellas (una de cada una), los hielos y los tehuacanes, las cuatas pidieron unas cocas. ¿Se dan cuenta la forma de echar a perder las cosas buenas?

"En eso se empezó a llenar el Duomo y en la mesa los hombres platicaban del Máxima de Arturo, y el dúo dinámico entrándole a sus 'París de noche', según ellas muy finas pero eso sí, pegadas con Krasy a la botella. De repente siento que me agarran el hombro, volteo y ... Cynthia. Me dio mil gusto verla. Ya saben, iba con el Mosco. Esos dos sí que están clavados. Ya tenía como dos meses sin verla y nos saludamos como si no nos hubiéramos visto en años. Hubieran visto la cara de Cynthia cuando vio a las del Regina en la mesa. O sea, de ley fuimos al baño, al chisme. Allí le conté que estas tipas venían con los amigos de Lalo. Y Cynthia le dio en el clavo con su definición: 'Son las típicas de *jeans* y tacones que se las agarran los *lovers*, porque ningun niño bien va a andar en serio con una niña así'.

"Aprovechando que estábamos en el baño, nos dimos una manita de gato. Ya saben, Cynthia, ¿no?, la más cuca, saca su *lipstick* Christian Dior ($54 000 N$54), sombras Givenchy ($99 000 N$99), su polvo compacto y perfume de bolsa Trésor ($130 000 N$130). O sea, yo me sentía de lo más india, nada más traía un *lipstick* Revlon, ya saben, los que te compras en los Walgreen's por 3 dólares y medio . Y ése es el tipo de cosas en las que Cynthia se fija mil. O sea, no les tengo que contar cómo es, ya la conocen. Entonces opté por sacar mis chapitas de Lancôme ($71 000 N$71) y mi delineador de boca Guerlain ($80 000 N$80). Nada más ves cómo los ojos de Cynthia ven con qué te estás pintando y cómo sonríe. Y la verdad es que preferí pedirle su *lipstick* a aventarme ¡el oso!

"Cuando volví a la mesa, seguían hablando de coches. Cuando me vio Lalo, ya saben, puso la *happy face*. Y ya se puso a platicar conmigo. Me empezó a contar de su viaje a Europa

durante el verano. Y que se encontró a TODO MUNDO allá. Sobre
todo en España y París. ¿Sabes qué, Sandy? No sé cómo no nos
lo encontramos. Estuvimos en la misma época que él. El caso es
que viajó con un amigo de la Ibero que se llama Íñigo. Como él,
es español... ¡Ay bueno, Karla, vasco, es lo mismo! ¿En qué iba?
Ah, sí, que tiene una casa allá y ahí estuvieron viviendo como
reyes. De repente, pone cara de felicidad y dice: 'Oye, hoy es
sábado, seguro Íñigo está en el Bandasha. Vamos para que lo
conozcas'. Y en eso, para salir de la silla medio me agarra la
mano, se me queda viendo, me sonríe y me la agarra bien. Y así
salimos del Duomo. ¡Agarrados de la mano! Sí se imaginan,
¿no? Yo sentía que me iba a morir en ese instante de gusto. Y en
eso me dice: 'Oye, So... me la paso de pelos contigo...' ¡Karla,
no me interrumpas!, ¿sí?... me estás poniendo nerviosa. ¡Cállate
y espérate a que te cuente! Ay, Sandy, ¿de qué te ríes? Ya
déjenme de molestar... Mejor ya no les cuento nada, y ya...
Okey, les voy a contar. Pero queda entre nos, ¿eh?

"Ya entramos al Bandasha y ¿a que no saben qué canción
estaba? La de *No podrás,* de Christian Castro. O sea, antes de
buscar al Íñigo, nos pusimos a bailar. Y no saben qué de pelos,
como de película, cantando y bailando. ¡Uta!, todo estaba tan
bien, no faltaba nada ni nadie en ese instante. Ya saben, cuando
acabó la canción me volvió a agarrar de la mano y fuimos a
buscar a su amigo a su mesa. ¡Hijas!, está guapísimo y buenísima onda, se los voy a presentar; ya estuvimos un buen rato con
él. Nos tomamos cada quien un vodka tonic ($25 000 N$25) y
mejor decidimos volver al Duomo, sobre todo por sus amigos;
se le hacía mala onda.

"Cuando salimos del Bandasha, me puso el brazo alrededor
del hombro y me acercó a él. Y enfrente de Villani, se me acerca
todavía más y me da un beso... ¡Hijas, queda entre nos!, ¿eh? Y
me pregunta: '¿Te molesto?' La verdad es que lo último que
pensé es que me molestaba. Pero me quedé fría. Y le dije que no.
Y en eso me agarró un besote que en mi vida. O sea, que les

cuento que en un año que anduve con Javier nunca disfruté tanto un beso... ¡Uta, besa...! Bueno, el caso es que entramos otra vez al Duomo (esta vez sin *cover*) y sus amigos ya se habían ido; parece ser que el dúo dinámico estaba hasta atrás. Por mí, mejor. La verdad es que no tenía nada de ganas de verles la cara. En eso, Lalo me sirve un vaso con Chivas y hielo y me dice: 'Ita, tenemos que brindar por esta noche'. Les juro que yo no sabía ni qué decir. Me daba miedo que se me fuera a cruzar con el vodka tonic del Bandasha. Pero en eso ponen la canción de Christian en el Duomo. Me abraza y me sonríe y me dice: 'ándale'. O sea, con esa carita, ¿quién se puede resistir? Y estuvimos brindando, platicando, bailando, in-cre-í-ble.

"Cuando nos fuimos, hasta eso buena onda los amigos, ya habían dejado pagado todo. Y Lalo me decía: 'No puede ser. Te juro que hoy fue mi día de suerte'. La verdad es que yo estaba muy contenta de haber sido parte tan importante de su día de suerte. Salimos abrazados y nos encontramos a Cynthia y, típica metidota de pata, nos dice: 'Felicidades, hacen una pareja increíble'. Ya saben la sonrisa forzada de los dos, y ya nada más nos despedimos de ella y del Mosco. La muy víbora ya me habló hoy en la mañana para ver qué onda. Pero le dije a la Chacha que le dijera que no estaba, o que estaba dormida. Me da una flojera que me pregunte ¿qué onda?

"Pero volviendo al tema, antes de salir volteé a ver el aparador de Villani y justo en el lugar donde me dio el beso había una corbata de Hugo Boss, increíble. O sea, LA CORBATA, ($190 000 N$190). Para la próxima vez que salgamos se la voy a regalar. Cuando nos subimos al coche me dice: '¿Te puedo dar un beso?' O sea, bienvenido al caso. Ya después de toda la noche, todavía me lo pregunta. Y pues le dije que sí. Lo sentí como un gesto de caballerosidad. Después me dijo: 'Oye, Sofí, la verdad es que me gustas mucho. Y me la pasé de poca contigo. Me encantaría seguir saliendo,... ¿Cómo que sí y ya, Sandy? Pues, ¿qué querías?... ¿Que me llegara?... Okey, okey, no te lo voy a negar, me hubiera fascinado que me llegara, pero espérate a oír lo que me dijo: 'No te pido que seas mi novia, porque todavía no nos conocemos bien y yo la verdad es que ahorita con lo del trabajo y la carrera tengo mil cosas que hacer, y yo siento que no es justo que tengas un novio que no te pele cien por ciento como te lo mereces. Espérate que me asiente más en mi vida y sigamos saliendo y ¡a ver qué pasa!' *

"¿Cómo que debería de estar en un libro de canallitas? ¿Sabes qué es lo que te pasa, Karla? Que te mueres de la envidia, porque ya te imagino todo lo que harías para que alguien como Lalo se dignara pelarte... ¡Iii! Mira, en primera, lo que le hizo a Mariana es muy diferente de lo que pasa conmigo. En segundo lugar, Mariana es tontísima, y en tercera... ¿Sabes qué, Karla? No me estoy engañando, y tú sólo me estás poniendo de muy mal humor. Y como hoy estoy de buenas, no voy a dejar que me amargues el día. Así que *bye*...

"¡Ahggg! Ay, esta Karla puede poner de mal humor a cualquiera. ¿Oye, Sandy, tú crees que raje la Granos con lo que les conté? Ojalá y no, porque si abre la boca no se la va a acabar. Me cae que le urge un galán. Pero hasta que no enflaque y no se exprima los granos de la cara, no va a pescar nada. Bueno, Sandy, y tú, ¿cómo la ves? Está chistoso... ¿no? Algo diferente y no el típico niño de siempre. Me quedó de hablar durante la semana para ver qué hacíamos el fin. Igual nos vamos a

* "Según Chr. Lasch, los individuos aspiran cada vez más a un desapego emocional, en razón de los riesgos de inestabilidad que sufren en la actualidad las relaciones personales. Tener relaciones interindividuales sin un compromiso profundo, no sentirse vulnerable, desarrollar la propia independencia afectiva, vivir solo, ése sería el perfil de Narciso. El miedo a la decepción, el miedo a las pasiones descontroladas, traducen a nivel subjetivo lo que Chr. Lasch llama *'the flight from feeling'*, 'la huida ante el sentimiento', proceso que se ve tanto en la protección íntima como en la separación que todas las ideologías 'progresistas' quieren realizar entre el sexo y el sentimiento. Al preconizar el *cool sex* y las relaciones libres, al condenar los celos y la posesividad, se trata de hecho de enfriar el sexo, de expurgarlo de cualquier tensión emocional para llegar a un estado de indiferencia, de desapego, no sólo para protegerse de las decepciones amorosas sino también para protegerse de los propios impulsos que amenazan el equilibrio interior." Gilles Lipovetsky, *La era del vacío*, Anagrama, Barcelona.

Valle con mis papás. Me dijo que si me iba allá, me alcanzaba. Ojalá sí, estaría increíble verlo allá. En traje de baño se ha de ver...

"Oye, Sandy, ahora sí cambiando el tema, ¿qué horas son ahorita allá? ¡Las seis de la tarde!... ¿Y qué se hace hoy domingo en Suiza?... En cambio aquí son las diez de la mañana. Yo creo que Michelle va a pasar por mí, vamos a ir a desayunar o a comer. Depende de la hora, iremos a echar el brunch al Toffanetti o a La Tablita. Le tengo que contar el chisme. Oye Sandy, te extraño mucho, ¿cuándo vienes? ¡En diciembre! Tú háblame para que te haga una reunión. Ya sabes, cuando quieras, háblame. Yo te pongo al tanto de lo que pasa con TODO MUNDO, aquí. ¿Oye? No dejes de ver las novelas en la parabólica. ¿A poco no están buenísimas? Me cae que lo que mejor hacen en este país, son las novelas. Ya, ahora sí te mando un beso. Y escríbeme o faxéame. ¡Ay, júralo! No me ha llegado. Juro escribir pronto y así nos ponemos al corriente de nuestras vidas, ya que por teléfono no se puede decir todo. ¿Okey? Bueno, un beso y salúdame a Andrea, Ceci y Martha Alicia. Malditas, se la han de estar pasando de pelos. Bueno, ahora sí *bye*. Te portas bien. *Bye*." (Llamada a Suiza 45 minutos, costo: $536,000 N$536.)

UN *WEEK-END* EN EL D.F.

"El que posee el dinero es al mismo tiempo poseído por el dinero"

ANTOINE SPIRE, *L'argent*, Editions Autrement.

Esa mañana, Ana Paula salió de su casa mucho más temprano que de costumbre. Tenía un "chorro" de cosas que hacer: ir al salón, recoger el juego de edredón y sábanas que había encargado, atender su cita secreta y pasar a buscar unos cuadros que había mandado a enmarcar con Rossano y que, por más que le había pedido al chofer recogerlos, no había podido ir. Afortunadamente para ella, ese día todos en la familia se encontraban muy ocupados. Beto se había ido casi al alba a jugar golf; comería con sus cuates en el Club Chapultepec. Betochico se había ido a Acapulco con sus amigos, y Anapaulita pasaría el fin de semana en casa de una amiga. El único de la casa que no tenía plan era Óscar, y por esta razón Ana Paula decidió llevárselo al salón. Mientras manejaba su Cavalier ("Amigos, Familia, Amor y Cavalier) blanco para dirigirse al salón Gérard Tardiff en Prado Norte, le hacía recomendaciones: "Se va usted a portar muy bien. No va a dar lata, ¿eh? A lo mejor hasta se encuentra un compañerito con el que pueda jugar". Óscar la veía con sus mismos ojos de melancolía. De toda la familia, su preferida era Ana Paula. Apreciaba que, cuando se dirigía a él, lo ustedeara y le hablara quedito. "Mi ama sería perfecta si no se pusiera ese perfume", pensó Óscar con la cabeza metida entre sus dos patitas.

—¿Qué se va a hacer? —le preguntó, al llegar al salón, la señorita de la recepción.

—Hoy me voy a hacer de todo, —contestó Ana Paula, enfundada en un *jumpsuit* color fucsia de Chanel, comprado en la boutique María Isabel. Los tenis eran del mismo color—. Mira qué raíces tan horribles tengo. Entonces apúntame por favor: tinte con Mari, depilación con Lety, manicure y pedicure con Anita, y corte y peinado con Alain.

—Póngase su batita para el tinte y súbase para que empiecen a pintarla.

Antes de llegar al primer piso, Ana Paula saludó de beso a varias empleadas. Trataba a muchas de ellas como si fueran sus amigas del alma; les contaba sus penas, sus viajes, las dificultades que tenía con sus hijos, sus proyectos y todos los problemas que había tenido con la decoración de su nuevo condominio. "¿Cómo estás, Anita? Al ratito te ocupas de mí, ¿eh? ¿Cómo está tu niña? ¡Qué suave! Bueno, voy arriba y luego me vienes a ver, ¿eh?" Las otras clientas miraban intrigadas a Ana Paula. A varias les parecía poco discreta y demasiado familiar con las chicas del salón. "Ay, qué bueno que trajo a Oscarito otra vez. ¡Hola, Óscar! ¿No te gustaría hacerte un facial para que te quiten todas tus arruguitas?" preguntó Mari, experta en poner pestañas postizas una por una. En realidad, Óscar odiaba que lo llevaran al salón, ya que invariablemente comentaban los pliegues de su piel. También odiaba el ambiente que se respiraba allí. Cada vez que su ama lo llevaba, salía indignado por todo lo que había visto. No soportaba a esas señoras autoritarias que llegaban dando órdenes: "Te me apuras, porque tengo que salir en quince minutos. A ver, tú tráeme, un vaso de agua. Y tú, dile al chofer que vaya a la tintorería por mi vestido rojo y que me lo traiga aquí para cambiarme. Tú, veme a buscar el último *¡Hola!* Y tú que no estás haciendo nada, ve a avisarle a Lety que ya venga a secarme". Desde el regazo de su ama, observaba las miradas duras, los rictus de satisfacción y la actitud prepotente.

En una ocasión, escuchó a una clienta, que llevaba una batita *strapless*, decirle a Anita, que estaba pintando las uñas de su ama: "Pues fíjate que ya me hice la operación de las bubis (22 000 000 N\$ 22 000, en el Hospital Ángeles, con el Dr. García Naranjo). No sabes cómo me quedaron. Te juro que me siento Raquel Welch. Desde entonces, mi marido está loco conmigo". No, Óscar no las aguantaba. Menos toleraba a aquellas que, después de hacerse quién sabe cuántas cosas, prácticamente no dejaban propina. No toleraba a aquellas que les contaban, ya sea a la peinadora o a la manicurista, con todo lujo de detalle, sus viajes a Nueva York: "Pues fíjate que en el hotel Pierre, los desayunos son ma-ra-vi-llo-sos. No sabes todo lo que me compré". No toleraba a aquellas que llegaban con la nana de sus hijos, la que durante horas y horas esperaba a que terminara la señora. No toleraba a las que, desde sus celulares, hablaban a su casa para decir: "Que ya pongan las papas y descongelen el pollo". No toleraba a las que no dejaban de hablar acerca de las sirvientas: "¿Te acuerdas de la recamarera que te platiqué que acababa de entrar a la casa? Pues fíjate que resultó ser bruja. Después descubrí que a mis hijos les contaba cuentos de fantasmas y cosas horribles que habían pasado en su pueblo. Además, fíjate que me salió ratera. Se robó mi anillo de compromiso y el Cartier de la nena". No toleraba a aquellas que, a las seis de la tarde, de pronto exclamaban: "Ay, no le he dicho al chofer que se vaya a comer", siendo que dos horas antes, ellas, las patronas, tuvieron el privilegio de pedir ensaladas y sándwiches (hechos con pan de La Baguette) de jamón y queso gruyère.

De todos los lugares a los que su ama lo llevaba, el que más odiaba era el salón de belleza. ¿Por qué, entonces, insistía en hacerlo? ¿Por qué mejor no lo paseaba por la barranca de Alpes para que sus pulmoncitos pudieran respirar aire puro? Si Óscar hubiera podido elegir entre ir al salón o al veterinario a que lo vacunaran, sin pensarlo dos veces hubiera optado por aquellas horribles inyecciones. En el fondo, entendía la buena fe de Ana Paula, pero ¿no hubiera sido mejor dejarlo en el jardín de la casa para practicar su deporte favorito: corretear mariposas? Era obvio que Óscar no se podía contestar tantas preguntas, pero estaba seguro de que en ningún sitio como en el salón de belleza su vida de perro era tan completamente inútil.

"Ay, señora Ana Paula, ahora sí nos había abandonado", le dijo Mari mientras le separaba algunos mechones de un pelo decolorado y reseco, para cubrirle las raíces oscuras que delataban el verdadero color de Ana Paula. Desde que tenía quince años, Ana Paula se teñía el pelo de rubio. Empezó poniéndose agua oxigenada. Para que se le aclarara aún más, se instalaba en la azotea de su casa y, mientras tomaba el sol, con la ayuda de un algodón previamente embebido en agua oxigenada, se humedecía la cabeza. Cuando pasó a preparatoria, compró en el supermercado una botellita de Miss Clairol color rubio cenizo. Solita se colocó el producto. A partir de entonces, Ana Paula le dijo adiós a su verdadero color. Cuando a la salida del colegio compraba ya sea una jícama o un pepino, le encantaba que el vendedor le preguntara: "¿Le pongo chile piquín, güerita?" En la televisión, cuando veía el anuncio de cerveza Superior, la Rubia de categoría, no podía evitar un sentimiento de gran satisfacción. "Ahora soy de categoría." Su hija Anapaulita había heredado el mismo tipo y color de pelo; por esta razón, su madre empezó a lavárselo con jabón de manzanilla Grisi. Cuando cumplió cinco años, sus coletas (ralitas y secas) se veían completamente decoloradas. Por añadidura, hacían mucho contraste con su piel color aceitunado.

—Mamá, en Madame Durand dicen que me pinto el pelo —le dijo su hija un día.

—No les hagas caso. Están envidiosas —le contestó la madre.

Una de las cosas de Ana Paula que más le gustaban a Beto eran los vellos de sus brazos. "¿Por qué es usted tan velludita, eh?", le decía en la intimidad, a la vez que se los jalaba cariñosamente. Durante muchos años, esos pelitos oscuros y opacos habían hecho demasiado contraste con las luces doradas de su pelo; decidió teñírselos. Como Anapaulita también había heredado esta característica, no obstante el calor del verano solía vestirla con manga larga.

—¿Quiere que de una vez le hagamos los brazos, señora? —preguntó Mari.

—Órale —contestó Ana Paula, distraída, en tanto hojeaba un viejo ¡Hola! Cuando Óscar escuchó esto, sumió la cabeza; odiaba el olor del decolorante. "Le doy gracias a la Naturaleza de haber nacido güerito de la cabeza a las patas", pensó.

—La dejo veinte minutos y luego regreso —le dijo Mari.

—Gracias. A ver cómo le haces, pero ahora sí, me tienes que dejar guapérrima, ¿eh? —agregó Ana Paula.

Sí, Ana Paula tenía que quedar más que guapa, Mari tenía que dejarla ¡bellísima! El lunes por la tarde había hecho cita con Pedro Menocal, un espléndido pintor y retratista. El día de su aniversario de bodas, le preguntó su marido:

—Reina, ¿quieres que te hagan un retrato como el de tu amiga Sonia?

—¿Hablas en serio? —inquirió incrédula—. ¡Ay, rey, claro que quiero! ¡Desde hace años me muero de ganas de que me pinten! —exclamó, abrazando a su marido.

Dos horas después, llamó a Sonia para preguntarle el número de teléfono de Menocal. "Ahh, ¿síííí? ¿Quieres que te haga una pintura? Pues fíjate que creo que está en Miami. Es más, el otro día alguien me dijo que ya no estaba pintando a nadie en México." Después de mucho resistirse, terminó dándole tanto el teléfono de México como el de Miami. Cuando Sonia colgó la bocina, tuvo deseos de dirigirse a la sala, descolgar la pintura en donde aparecía vestida de equitación al lado de la Niña, su yegua, y esconderla hasta el fondo de un clóset.

Después de muchos esfuerzos, Ana Paula pudo localizar a Menocal y convencerlo para que la pintara. El caso es que, a las tres semanas de haberlo encontrado, se dieron cita para definir qué tipo de retrato deseaba, en qué estilo, qué tamaño, etc. Mientras Mari le hacía con toda paciencia sus luces, con la ayuda de unos papelitos de estaño, Ana Paula pensaba cómo se vestiría para la pintura: "¿Qué tal si me mando hacer un vestido verde en terciopelo, como el de Scarlett O'Hara en *Lo que el viento se llevó*? No, mejor que me pinte con mi vestido negro bordado de lentejuelas. No, ya sé, algo más sencillo, con mi *body* de leopardo y unos pantalones negros. No, tampoco me gusta mucho esa idea. Tal vez me vería mejor con mi blusa blanca de escarola y mi falda de piel negra. ¿Y si, al contrario, me pongo algo muy sport, como muy relax? Por ejemplo, mi cuello de tortuga azul turquesa con mi medalla de la Virgen de Guadalupe, y una falda recta azul marina. No, eso es demasiado sencillo. ¿Y si me pusiera el mantón que me regaló mi mami? Ah, ¡ya sé! Me voy a poner mi nuevo traje Chanel rosa ($15 000 000 N$15 000). Híjole, con ése, la pintura se va a ver chula de bonita. Sobre todo que ese *suit* sí es o-ri-gi-nal. Claro que me tendría que comprar los aretes, los zapatos y la bolsa. Todo tiene que ser Chanel. Bueno, hasta el perfume...", se decía Ana Paula viendo su imagen reflejarse en la gran luna.*

---

* "A fin de cuentas, el *kitsch* consuela a un espectador inseguro, desencajado por el crecimiento urbano y sus rápidas y violentas transformaciones: 'Cálmate, mientras sostengamos tan intactas como se pueda las visiones y las concepciones del mundo (de tu mundo), podrás estar tranquila. Acepta las modificaciones, te sirven, no contradicen en lo fundamental lo que has vivido y en lo que has creído. Y no tengas miedo si te dicen cursi, la cursilería es Tu amparo y Tu fortaleza, el pronto auxilio contra la opresión que no comprendes. Conmuévete el Día de las Madres y suspira en el Día de los Novios y atiende las peripecias televisivas de la sirvienta que quiso ser buena, y convéncete que

—Está usted muy pensativa, señora —dijo de pronto Mari, entresacando, con la colita del peine, mechoncitos de pelo.

—Ay, es que no te he contado. Me van a pintar.

—¿Su casa, señora?

—No, hombre. ¿Cómo que mi casa? Me van a pintar a mí, o sea que me van a hacer un retrato. Por eso te estoy diciendo que me tienes que dejar guapisísima.

—Ay, qué padre, señora. Se ha de sentir retebonito que la pinten a una. ¿Verdad, señora?

—No creas, estoy muerta de miedo. ¿Qué tal que quedo horrible?

—Ay, no diga eso, señora. Va a quedar usted muy bonita. Voy a dejarle el cabello hermoso, hermoso. ¿Y la van a pintar con sus hijos, señora?

—Fíjate que no se me había ocurrido, pero ahorita que lo dices, igual sí. Hoy por la noche se lo comento a mi marido.

—Ay, sí, señora. Imagínese lo chula que se vería Anapaulita. Alain le podría hacer un chongo precioso.

—Te diré que esta niña es tan rara. Si se lo propongo, a lo mejor hasta me manda a volar. Es capaz de pedirme que la pinten a ella solita. Yo no sé a quién salió tan narcisa.*

Y mientras le terminaban de hacer sus luces a su ama, Óscar dormía apaciblemente. "Dormirme es una manera de evadirme", pensó antes de caer rendido en los brazos de Morfeo, que también es el dios de los sueños de los perros.

la risa es también el suspiro del alma'. Este mensaje funcionaba admirablemente hasta hace poco, y sólo los sacudimientos económicos han renovado la cursilería sexualizándola, obligando a los corazones de oro a desvestirse y fornicar, sin apartarse en lo mínimo del chantaje sentimental." Carlos Monsiváis, *Escenas de pudor y liviandad*, Grijalbo, México.

* "A cada generación le gusta reconocerse y encontrar su identidad en una gran figura mitológica o legendaria, que reinterpreta en función de los problemas del momento; Edipo como emblema universal; Prometeo, Fausto y Sísifo, como espejos de la condición moderna. Hoy Narciso es, a los ojos de un importante número de investigadores, en especial americanos, el símbolo de nuestro tiempo: 'El narcisismo se ha convertido en uno de los temas centrales de la cultura americana'." Gilles Lipovetsky, *La era del vacío*, Anagrama, Barcelona.

Súbitamente sonó el celular de Ana Paula. "¿Qué onda, ma-mi? Estás en el salón, ¿verdad? Oye, ma, que si puedo ir a pasar el día a Cuernavaca. ¿Sí? ¡Qué de pelos! Oye, ma, ¿le puedo pedir dinero a la cocinera? Es que necesito, por si se necesita. No sé, como $200 000. ¿Sí, puedo? Bueno, entonces tú hablas a la casa y les avisas. Okey. Ay, qué linda, ma. Te mando un beso. Oye, espero que quedes guaperrimísima. Acuérdate que el lunes tienes cita con el pintor. Bueno, *bye bye*." Por culpa de la llamada de Anapaulita, Óscar se despertó. Casi se desmaya por el olor del tinte. "¿Y si muerdo la mano de Mari para que no le siga pintando el pelo?", se preguntó maliciosamente. Ana Paula habló a su casa para avisar que pasaría su hija a buscar el dinero, y para que una de las muchachas viniera por Óscar porque estaba demasiado inquieto. Cuando el perro escuchó lo anterior, se dijo: *"Thanks God "*.

—Señora, mientras se le hacen los rayos, la voy a depilar —dijo Lety, llevando una ollita con la cera derretida.

Cinco minutos después, estaba Ana Paula instalada en uno de los cubículos. Recostada con una toallita sobre un colchón de hule espuma, sentía cómo poco a poco sus piernas se cubrían de aquel líquido espeso color ámbar.

—¿Está muy caliente, señora?

—No, Lety. La temperatura está perfecta.

—¿También vamos a hacer el bigote y la barba?

—Aunque sufra como enana, hoy me tienes que hacer todo, incluyendo la ingle, los cachetes y las cejas. ¿Y sabes qué? De una vez, me quitas los vellos de la panza, ¿okey? Lo que tiene una que sufrir para estar bella...

Efectivamente, Ana Paula sufrió como enana cuando, una vez bien fría y endurecida la cera, Lety jalaba aquel pedazo chicloso, entre el cual aparecían los vellitos bien negros de la pobrecita de Ana Paula. No obstante los jalones, Ana Paula se aguantó como una verdadera Juana de Arco.

Todavía con algunas manchas de irritación en la cara y las

piernas, Ana Paula se volvió a instalar en su lugar para que
Mari cuidara de más cerca la manera en que las luces se iban
aclarando.

—Todavía faltan quince minutos. Mientras tanto, vamos a ir
decolorando esos brazos. ¿Le parece bien, señora?

—Ay, pero antes traime *(sic)* otros ¡*Holas!*, ¿no?

Con seis revistas sobre las piernas y con la cabeza llena de
bultitos de papel estaño, Ana Paula mantenía sus brazos en
forma de cruz para que la crema de decoloración no manchara
demasiado su batita.

—Hoy sí me está picando mucho. ¿Por qué, Mari?

—Ay, señora, pues porque ya los tenía muy oscuros. Pero
después le pongo mucha crema para quitarle la sensación.

Si alguien se hubiera asomado por la cerradura de la puerta
del salón, hubiera podido pensar que se trataba de una nueva y
audaz interpretación de Cristo: el rostro de Ana Paula era de
evidente dolor y sacrificio. Uno de sus pies lo mantenía dentro
de una palangana repleta de agua hirviendo. "Se la voy a poner
un poco más calentita para que afloje la cutícula." El otro estaba
entre las manos expertas de Anita, mismas que no dejaban de
lijar ese taloncito tan lleno de callosidades.

Una vez que estuvieron las luces, que brillaban como verdaderos focos de trescientos watts, se le colocó el tinte. Después
de media hora de estar bajo la secadora hirviendo, Mari le puso
el matizador y la volvió a dejar bajo aquel casco candente
durante otros veinte minutos.

—¡Ay, Mari, me quedaron pre-cio-sos! Eres una buenaza.
Gracias a ti, la pintura va a quedar de poca... ¿Sabes qué? Para
que me brille un chorro el pelo, ¿por qué antes de ponerme la
ampolleta de placenta no me haces un tratamiento de tuétano?

Más de treinta minutos estuvo la cabeza de Ana Paula cubierta por un turbante. Mientras seguía bajo el casco, se comió una
ensalada de endibias y un *croque-Monsieur* que pidió en la
cafetería del propio salón. De beber, pidió una Diet Coke,

porque estaba a dieta, y como postre una *tarte aux fraises* y un cafecito express. Después de comer, habló a su casa para ver qué se había ofrecido, quién había hablado, y si había comido Óscar.

—A ver cómo le vas a hacer, Alain, pero me tienes que cortar el pelo di-vi-no. Y luego me tienes que hacer un *brushing* de poca... Pero de poquísima... ¿eh?

Y nuevamente Ana Paula tuvo que soportar los jalones del cepillo redondo y el calor de la pistola.

—Mira, Alain, cuando esté listo el cuadro, le tomo una foto y te la regalo. ¿Qué te parece?

Cuando Ana Paula llegó a la caja, eran cerca de la cinco y media de la tarde. Su cita secreta era a las seis, lejos, en la avenida Coyoacán, así es que ya tenía muy poco tiempo.

—Ahora sí ya hazme la cuenta, porque me tengo que ir de volada, ¿sí, porfa?

Y la recepcionista empezó a sumar y a sumar: champú, peinado, corte, *color rinse,* decoloración, pintura, luces, tratamiento, manicure, pedicure, depilaciones, ampolleta y comida.

—No se hizo facial, ¿verdad, señora?

—No, para el facial y el maquillaje Alain me dijo que podía venir especialmente el lunes, aunque estén cerrados. Porque este día tengo un compromiso muy, muy importante.

—Bueno, señora, pues su total es de $1 156 000 N$1 156. ¿Cómo va a pagar?

—Con tarjeta Banamex.

Ana Paula había quedado tan satisfecha con los resultados que en ningún momento le pareció excesiva la cuenta. Incluso, a cada una de las empleadas, les dio $50 000 como propina.

—Alain, ya te platicaré qué tal me fue. Entonces, ¿de veras no te importa si me vas a peinar a la casa el lunes? ¿Quieres que te mande a buscar con el chofer? Perfecto. En punto de las diez estará por ti.

Tanto de Alain como de las muchachas, Ana Paula se despidió de beso.

—Yo creo que nunca me había pasado tantas horas en el salón, ¿verdad? De seguro que hoy sí me alucinaron. Bueno, pero me voy corriendo, corriendo, porque si no, no llego a mi cita.

Y corriendo, corriendo, se fue a su cita secreta. Primero tomó Reforma. Después se metió por Sevilla. En tanto manejaba, cambiaba el radio de estación y hablaba por teléfono a su casa para ver qué se había ofrecido y si no había hablado el señor Betogrande; se veía en el espejo retrovisor: "¡Híjole, me quedó el pelo padrísimo!", pensaba feliz de la vida. Siguió por Yucatán y se dirigió hacia Insurgentes. Faltaban cinco minutos para la cita. Finalmente llegó a la avenida Coyoacán; buscó el número 1724. Era un edificio pequeño de mármol. Ana Paula metió el coche en el garaje y se estacionó en el lugar que el doctor le había indicado. Se bajó del coche y, por la puerta de atrás, entró al vestíbulo. Allí esperó el elevador. Por fin se abrieron las puertas de acero. Ana Paula pasó, oprimió el botón con el número 4 y miró su reloj Chanel. Eran las seis con ocho minutos. Finalmente llegó al departamento 403 y tocó el timbre.

Veintidós segundos después, abrió la puerta un señor de bata blanca con una barba de candado.

—Pensé que ya no venía —le dijo, haciéndola pasar.

—Ay, qué pena, doctor. Es que había muchísimo tráfico. No le pude hablar porque se me olvidó su número de teléfono en mi casa. Pero pues, ya estoy aquí, doctor.

—Muy bien, pase por favor a mi consultorio. En un ratito estoy con usted.

Ana Paula pasó a un cuartito pintado de rosa. Estaba nerviosísima. Se sentó en uno de los sillones K2. De una mesita ovalada de triplay tomó una revista *Buenhogar* con una fecha atrasadísima. Estaba leyendo un artículo sobre qué regalarle a papá el Día del Padre cuando apareció el doctor.

—Muy bien, señora. Entonces, ¿por fin se decidió? Ya verá cómo va a ser muy sencillo. No será doloroso y los resultados son inmediatos. Permítame observar bien su rostro.

Ana Paula se puso de pie y el doctor se aproximó para ver con la ayuda de una lupa gigante el cutis de su paciente—. Muy bien. Tenemos aquí estas dos marcas en las comisuras y en el entrecejo. Voy a señalárselas con este lápiz rojo, para corregirlas.

El doctor trazó unas rayas gruesas, siguiendo la línea de las arrugas. Cuando Ana Paula se vio en el espejo, parecía una bigotuda y cejijunta pelirroja.

—Porque es la primera vez, la dosis no será muy importante. Tal vez le vaya a salir un pequeño moretón. Pero eso es normal. Todo depende del tipo de su piel. Al terminar le daré unos hielitos para evitar la hinchazón. Le puedo asegurar que se va a ver muy natural. Es más, no se va a notar. Lo único es que se va a ver más repuesta. Porque, vea usted: estas dos líneas le dan una expresión dura. Y usted es una persona muy dulce. Sobre todo la marca que tiene usted en medio de las cejas; así, hasta parece como si estuviera enojada. Para la próxima cita, podríamos rellenar un poquito a los lados para levantar. También podría darle unos piquetitos en el mentón para equilibrar la importancia de la papada. Pero eso será más tarde. Se va a ver usted mucho más joven. Quiero decirle que si le di cita, fue porque la recomendó la señora González, que es mi clienta desde hace muchos años. De lo contrario, no la hubiera recibido. Tengo tantas, tantas clientas, que ya no me doy abasto con todas. Bueno, pues voy a buscar la jeringa y su dosis de colágeno.

Ana Paula no podía hablar. Se sentía cohibida y angustiada. Era la primera vez que le iban a inyectar colágeno. "No seas tonta, háztelo, vale la pena. Puedes tener toda la confianza del mundo. Mira, yo llevo tres años inyectándome las pompis y la cara, y desde entonces soy otra. Te da confianza. No es caro. Es muy sano. El otro día me enteré que en París ya te lo hacen hasta en los salones de belleza. Con este tratamiento no necesitas hacerte un *lifting*. Háztelo, yo sé lo que te digo", le había insistido Azucena González, una vieja amiga del Maddox.

Cinco minutos después, el doctor se presentó con una jeringa desechable sin abrir y un frasquito que contenía un líquido transparente. Ana Paula se recostó en un sillón Reposet muy inclinado, y el doctor se sentó a su lado en un banco alto. Con un algodoncito empapado de alcohol, le limpió las rayas que había trazado con el lápiz. Enseguida internó la aguja de la jeringa en el interior del frasquito y absorbió el líquido.

Nada más es un piquetito. Primero empezamos con un poquito de anestesia para poder poner, sin dolor ni molestias, el colágeno. Póngase relajadita —le dijo, acercándose a la cara de Ana Paula con la jeringa entre las manos.

"Usa polvo de Old Spice", pensó Ana Paula, inhalando para relajarse y sintiendo las manos y los pies sudados. "¡Ay!", exclamó para sí. Una vez más, se aguantó como las machas, y para tolerar aún mejor los otros dos piquetitos empezó a visualizar su cara rejuvenecida. En sus oídos escuchaba: "Ay, qué guapa, Ana Paula. Pues, ¿qué te hiciste? ¿Te fuiste de vacaciones? O ¿estás enamorada? Ay, Ana Paula, la verdad es que el tiempo no pasa sobre de ti, estás igual que como te conocí", se decía mientras sentía adormecerse poco a poco la boca y la frente.*

—¿Verdad que no dolió mucho? Aquí tiene usted estos hielitos, póngaselos. Siga recostada y en diez minutos vengo por usted —le dijo el doctor antes de cerrar la puerta.

Ana Paula se sentía rarísima. Era como si acabara de firmar un pacto con el diablo. Era como si en ese momento empezara realmente a envejecer. Se sentía como si acabara de hacer una

* "La posibilidad de permanecer eternamente joven es otro de los resortes que ha movido la investigación práctica del artificio, más allá de la sanidad y de la higiene. La nueva categoría humana de los viejos-jóvenes, enorme segmento de la población de los países desarrollados, es testimonio de esta nueva realidad colectiva. El ex presidente de los Estados Unidos, Ronald Reagan, y su esposa Nancy, serían unos de los exponentes más claros de la nueva categoría humana: perpetuo dinamismo, culto total a la imagen, grado máximo en el diploma de gran comunicador, es decir, de la facultad de transformar la realidad en imagen y la imagen en realidad." Margarita Rivière, *Lo cursi y el poder de la moda*, Espasa-Calpe, Madrid.

cosa in-de-bi-dí-si-ma. Era como si le acabara de robar tiempo al tiempo. Tenía la impresión como si de pronto le hubiera vendido su alma al demonio. De alguna manera, sabía que a partir de ese momento, cada vez que se viera en el espejo iba a estar al pendiente de aquellas arruguitas, supuestamente rellenadas con un producto llamado colágeno.*

Ana Paula seguía recostada en aquel cuartito oscuro. A lo lejos se oía que el doctor hablaba por teléfono. Por la ventana abierta le llegaba la voz de Juan Gabriel:

"No tengo dinero, ni nada que dar. Lo único que tengo es amor para amar. Si así tú me quieres, te puedo querer; pero si no puedes, ni modo, qué hacer".

—¿Cómo nos sentimos? ¿Mejor? Muy bien. Llévese los hielitos. Si mañana amanece hinchadita, úntese esta pomada y vuélvase a poner más hielo. Para el lunes estará perfecta. —Al oír esto Ana Paula, se le olvidaron sus dudas existenciales y súbitamente recobró el buen humor y la tranquilidad—. Mírese en el espejo. ¿Qué le parece?

---

* "En siete años, 500 000 mujeres han recurrido a los implantes de colágeno, cuyos orígenes son diversos y las variedades más o menos afinadas. Los colágenos de la primera generación, extraídos de la dermis de la res —como el Zyderm norteamericano (de fibras) y el Koken nipón (en solución)—, que tratan de manera efímera las arrugas finas y superficiales, han sido sustituidos por el Zyplast (EUA) y el Koken Plus (Japón, en fase experimental), segunda generación de colágenos reticulados que tienen un efecto prolongado sobre arrugas más profundas. Se obtiene un notable efecto, no sólo estético sino también curativo: el implante rellena las arrugas al mismo tiempo que estimula la secreción natural del colágeno, provocando asimismo el aumento del tejido dérmico. Más que un implante paliativo, el colágeno se ha convertido en una verdadera terapia. El colágeno humano acaba de ser prohibido ya que, como extracto de la placenta, conlleva el riesgo de transmitir el SIDA. Se utiliza el de origen animal. Un mes antes, se procede a un doble chequeo cutáneo, además de la búsqueda de eventuales anticuerpos anticolágenos. La inyección da buenos resultados con ciertas arrugas como rictus, huecos, líneas de expresión y 'del león' en la frente, pero no tiene efecto sobre la piel marchita y alrededor de la boca. Lo más espectacular del colágeno es el relleno de los labios: las estadunidenses van a París para modelarse unos *Paris Lips*, como Madonna (anestesia local con cuidados médicos). El efecto del colágeno sólo perdura de tres meses a un año." *Le Nouvel Observateur*, marzo de 1992.

—¡Ay, doctor, no es posible! Se me quitaron por completo. ¿Cuándo me puede dar otra cita?

—¿Qué le parece dentro de quince días a esta misma hora? Tenemos que arreglarle lo del mentón.

—Perfectamente, doctor. ¿Cuánto le debo?

—Por ser primera vez, nada más quinientos mil pesos (N$500).

—¿Le puedo pagar con cheque, doctor?

—No hay problema.

—Se lo agradezco, doctor. Y nos vemos en quince días. Muchas gracias —le dijo Ana Paula en la puerta, despidiéndose de mano con mucha efusividad.

Cuando entró al elevador, lo primero que hizo fue verse en el espejo. La luz neón hacía que parecieran aún más bruscas sus facciones. A pesar de que estaba más que complacida con los resultados, en sus ojos se notaba una ligera lucecita de tristeza. Su pelo se le veía demasiado rubio. Vestida con su *jumpsuit* color fucsia, con el logo de Chanel en dorado, y recién peinada de salón con un poco de spray, se parecía a aquella primera muñeca Barbie que le regaló su padre cuando cumplió 12 años.*

El domingo, Ana Paula amaneció con la cara moreteada.

—Pero, ¿qué le pasó a mi reina? —preguntó Beto cuando vio aquellas manchitas a un lado de las comisuras de su boca.

* "Barbie tiene 33 años y es guapísima, rubia de ojotes azules; vale, conservadoramente, mil millones de dólares, y es considerada como una de las submarcas más exitosas del mercado del juguete en toda la historia. Se distribuye en 100 países y sus ventas han tenido un incremento anual de 10% durante los últimos 24 años, lo que permite augurarle todavía un gran futuro. La presidenta de Mattel Inc. opina que el éxito de Barbie se explica por el hecho de que todas las niñas sueñan con lo que van a ser de grandes, y la muñeca Barbie les permite proyectar sus sueños. Además, como cada niña de 3 a 10 años (la clientela tradicional de Barbie) tiene en mente más de un solo sueño, puede haber más de una sola Barbie, y por eso existen actualmente en el mercado más de 30 variaciones de la muñeca Barbie con rasgos y colores de pelo diferentes. Hoy, su sueño puede ser el de vivir las aventuras de La Bella Durmiente o de La Bella y la Bestia, y mañana, ser campeona de patinaje o bailarina, y en función de ello comprará nuevas muñecas y nuevos accesorios". *Financial World Magazine*, septiembre de 1992.

—Fíjate que, saliendo del salón, me pegué con la puerta del coche. Espero que mañana se me quite. Ni modo que vaya así con Menocal. Bueno, pues tendré que maquillarme más, ¿no crees, Beto? —preguntó Ana Paula con su carita de muñeca.

—Ya verá cómo mañana amanecerá preciosa. Oye, Ana Paula, invité a comer a Nacho y a Paty. ¿Te acuerdas de él? Es este muchacho joven que trabaja conmigo en la Bolsa. Es un muy buen muchacho. El viernes, cuando ya se había ido todo el mundo, me contó su vida. Es muy platicador. Cuando toma el micrófono, ni quien lo pare. Con decirte que empezó a contarme desde que era estudiante de la Ibero...

"Soy licenciado en Administración de Empresas, egresado de la Ibero. Todavía era estudiante cuando mi cuñado, Rogelio, quien se había asociado con unos amigos en una casa de bolsa, me invitó a trabajar. Yo me encontraba un poco desorientado, pues mi intención era entrar a Procter and Gamble, ya que había oído que, además de que pagan superbien, tendría mucho futuro. Dudé mucho de no seguir mis proyectos.

"Rogelio insistió: 'No seas tonto, aquí vas a estar muy cerca de mí, soy uno de los dueños; ahí sólo serás un empleado'. Me convenció.

"Terminé mi carrera y fui en ascenso, pues de ser un analista que trabajaba en un pasillo, logré un privado con extensión propia.

"Mi sueldo al principio no era mucho, pero me permitía cambiar cada año y medio o dos a un mejor coche. De empezar con el Renault heredado de mis hermanos, ya para 1979 tenía un Mustang del año— el *hard top,* por supuesto— con todo lo de rigor: rines de rayo, muy de moda, y estéreo *cockpit*, de Panasonic. Éste iba en el techo y todo el mundo se impresionaba, parecía que estabas en la cabina de un avión; tenía todo: casetera, FM, amplificador, ecualizador. Me costó más de 1 000 dólares; lo compré en un viaje que hice a Los Ángeles. Y además las bocinas, triaxiales de Jensen, habían salido poco antes, así que eran la supernovedad. Los rines y llantas (de perfil bajo) me los traje de Laredo, pues con eso te ahorrabas casi la mitad (como $40 000 o sea 1 700 dólares).

"Sin embargo, muchos tenían coches importados, Mercedes, Ferrari, hasta Masserati Quattroporte; el fin de semana se veían colas de ellos en Niza, frente al Quetzal, o en el estacionamiento de Plaza Bosques, de los que iban al Bandasha.

"Con lo que ganaba, no tenía preocupación para ir a Acapulco de fin de semana al Villa Vera, y de discoteca al Baby'O o al Magic, que acababa de estrenarse. La champaña era barata.

"En 1982, ya era yo un alto ejecutivo, con teléfonos directos, secretaria bien vestida, mesa de trabajo en el privado y cortinas, pues los demás estaban como en pecera.

"Empiezo a ser un buen partido, un muchacho con futuro, y conozco a la que sería mi futura esposa. Ella estudiaba también en la Ibero, pero Diseño Gráfico; pobre, se ponía unas desveladas de aquéllas, pues hacía láminas por toneladas. Siempre pensé que iba a botar la carrera, pero me sorprendía que, aun con tanta tarea, todavía tenía tiempo para que saliéramos. Nos divertíamos mucho; salíamos con un grupo de amigos, no sólo a discotecas, sino también al cine, a cenar (al Queso, Pan y Vino, al Cluny o al Taco Inn) y a reuniones en casa de algún cuate. Evitábamos los latosos chaperones si íbamos en parejas, así los suegros se quedaban tranquilos; no contaban con la complicidad de las amigas de Patricia.

"El tiempo corrió y en 1984 nos casamos. Patricia continuaba su carrera. Yo renté un departamento en Polanco: 1 500 dólares. Con la crisis habían cerrado la frontera y no había importaciones; nos tuvimos que conformar con lo que aquí había. (No era como hoy, que hay refrigeradores dúplex con tres puertas, incluso una chiquita para los niños, con fabricador de hielo y agua helada.) Montamos el departamento en parte con regalos y con lo que compramos antes de la boda.

"Empecé a ahorrar, además de que ganaba muy bien; lograba muy buenos bonos, pues ya era gerente de Operaciones. Cada día eran más los familiares y amigos que me buscaban, querían invertir sus excedentes. Todos los días teníamos una junta con los altos directivos; ellos nos orientaban sobre qué acciones les convenían a nuestros clientes. Esta práctica le permitía a la casa tomar posiciones, lo que propició el alza de esos papeles; todos ganábamos. Esto continuó hasta octubre de 87; algunos, como yo, nos habíamos anticipado a tomar utilidades y a comprar verdes. Las acciones bajaron; les pedimos a nuestros clientes que lo tomaran con calma, pero muchos se empezaron a empavorecer y vino el que, se dice, fue un *crack;* en realidad, fue sólo un ajuste.

"Las más latosas eran mis tías; decían que se habían arruinado, que sus ahorros para la vejez se habían hecho polvo. En el fondo, yo creo que les convino. Ahora están muy activas: una, Margarita, da clases de cocina y costura, y María, de francés e inglés. Se conocen de maravilla las rutas de los microbuses, de la Ruta 100 y las líneas del Metro; andan por todos lados. Ángel, el chofer, se tuvo que ir.

"Mis amigos se perdieron, se enojaron conmigo, como si yo hubiera tenido la culpa del ajuste; decían que ya no podrían comprar su casa. En cambio yo, al año siguiente me compré una casa padrísima. Me salió regalada; un cliente me la pasó a buen precio —300 000 dólares—, pues había comprometido su empresa y se endeudó muchísimo. Qué tonto, ¿no?

"Otros clientes fueron muy comprensivos, entendieron que yo no era adivino y que la Bolsa es una inversión de largo plazo; que si no tocaban sus acciones, en realidad no habían perdido. Mientras no las vendían, no realizaban su pérdida; aun cuando hubieran pagado $3 000 por cada acción y ya sólo valiera $300, no había pérdida mientras las conservaran. Es lógico, ¿no?

"La casa que compré la tuve que arreglar, pues los baños, la cocina, las puertas, todo estaba horrible. Por suerte encontré los muebles de baño, llaves y muchas cosas importadas que se les habían quedado en una tienda de Ayuntamiento y otra en Echegaray, y los muebles italianos Dolomite, que salen hasta en revistas europeas. Yo creo que el excusado y el lavabo, sin mezcladoras, andan actualmente arribita de los $4 000 000 (N$4 000). Parecen diseñados por Pininfarina. De pura suerte encontramos todo lo que necesitábamos para el baño del niño, de la niña, de visitas, y el de la recámara principal; a las muchachas les compré unos nacionales. Pero sólo se instaló un jacuzzi, doble, en el baño de nuestra recámara; nos daba miedo que los niños se ahogaran si les poníamos uno.

"De la cocina no quiero ni acordarme. Primero, Patricia no se decidía. Tenía alteros de revistas donde salían cocinas, y ninguna le gustaba —que si de formaica o de madera—, hasta que nos decidimos por una laqueada, como piano, parecía china; salió tan cara que no quería ni usarla. Pero, al revés, yo la impulsé a que tomara clases de cocina con mi tía, quien se había vuelto muy estricta: llegaba muy puntual pero no se quedaba ni un minuto de más; siempre decía que se tenía que ir muy lejos a dar otra clase. Patricia invitaba a amigas a la clase, y ese día era el que mejor se comía. Con el tiempo, la cocina se ha maltratado por los niños y las muchachas; Paty ni se asoma.

"Para el jardín de plano llamamos a una casa especializada. Paty quería que fuéramos a Xochimilco y a los viveros de Coyoacán a escoger flores, pero eran muchas cosas: había que conseguir carros de tierra negra, pasto, hacer desniveles... era un lío.

"Nos llevó más de un año arreglar toda la casa, fue una bronca. Todos los días el arquitecto nos salía con algo nuevo: que si no se había considerado el quitar el papel tapiz, que los marcos de las puertas eran aparte, que el emboquillado también, y así se seguía y seguía, parecía que ni para cuándo. La calefacción, un problema; tuvieron que hacer todos los ductos y eso costó una fortuna. Las alfombras, de esas de nylon, metros y metros, nos precipitamos; ahorita hay unas importadas de lana, un poco más caras —como de a cien mil el metro—, pero están sensacionales. Todos los arreglos casi costaron lo de la casa. Quedó muy bien.

"En 1986 tuvimos a nuestro primer hijo, fue niño. Comenzaba a estar de moda un ginecólogo especialista en fertilidad (ahora cobra $250 000 N$250 la consulta), con apellido un poco complicado y consultorio en Polanco. Ahí acudían Patricia y todas sus amigas; era como ir a Bondy, pero sin café ni pasteles. Las citas nunca eran respetadas, tan fácil como ver al Niño Fidencio. Había colas desde antes que llegara el doctor y se pasaba por turno de llegada; en promedio, no le llevaba más de siete minutos por paciente, y los casos sencillos, unos cuatro. Naturalmente, el parto fue en el Hospital Inglés; aun cuando el médico atiende en el Santa Mónica y el Español, hizo una excepción. El Ángeles nos quedaba lejísimos. Ocupamos una suite con una salita; así, si Paty se sentía cansada, sus amigas se quedaban ahí y no la molestaban.

"El siguiente embarazo fue muy parecido: pocos mareos, algo de cama y parto tranquilo. El hospital fue el mismo, hay que darles lo mismo a todos. Ahora ya tenemos un niño y una niña, ya no pensamos tener más, con lo caro que cuesta todo. Entre el embarazo y el parto, con ese doctor y ese hospital, no te gastas menos de veinte millones de pesos (N$20 000), entre consultas, ultrasonidos, análisis, honorarios del anestesista, del médico, de su ayudante, y extras del hospital.

"Hicimos los bautizos también idénticos. Aunque ya teníamos la casa cuando nació la niña, pensamos que mejor, como con Alejandrito, hiciéramos un brindis en La Hacienda de los Morales con las familias y nuestros amigos. Las listas casi no cambiaron, unas ciento cincuenta personas, salvo que ya no invitamos a siete parejas de gorrones que desde el otro bautizo no nos invitaron ni un vaso de agua. Todos los demás fueron casi los mismos. Incluimos a algunos vecinos con los que Paty ha

hecho amistad, y algunas gentes que he conocido en mi trabajo. Entre canapés, servicio, vinos, música, etc., cada bautizo
nos ha costado cuando menos unos quince millones de pesos
(N$15 000), pero nos han salido superpadres.

"La casa ya te la describí más o menos. Las telas de la sala las
trajimos de los USA; se usaron unas cincuenta yardas, como de
a 50 dólares la yarda, son 2 500 dólares. Pusimos puros cuadros
modernos: unas mixografías de Tamayo y un Coronel (Rafael)
que compré hace poco. Había conseguido algo de Toledo, pero
Paty primero no sabía ni de qué se trataba. Un día llegó un amigo
que conoce mucho y le mostró cómo aparecen en el cuadro unos
genitales; le explicó el carácter erótico del pintor y no sé qué
más. Paty se puso furiosa, decía que yo estaba enfermo. Francamente, ni cuenta me había dado. Cuando me lo vendieron, me
dijeron que era una gran inversión. Fue una situación muy
desagradable. Lo tuve que regresar y cambiar por unas cosas de
Trinidad Osorio, ahí no hay riesgos.

"Tenemos una biblioteca, con una tele Mitsubishi de 50
pulgadas. Estamos suscritos a todo lo que hay: Multivisión,
Cablevisión y los canales decodificados de la parabólica. Yo le
digo a Paty que no deje que los niños vean tanta tele, que lean.
Ahora es peor; entre las videocaseteras y el Nintendo, no se
despegan de la pantalla. Me acaban de regalar un sistema nuevo
que se llama Interactive: son unos *videocompact discs* a los que
se les preguntan cosas; hay de museos, pero el del golf está buenísimo. El aparato cuesta cerca de cuatro millones (N$4 000), y
los *compacts* van de ciento cincuenta a doscientos cincuenta mil
(N$150-N$250) según el tema.*

* "Y desde luego, la nueva especie, los yuppies de México —por YUP, de Young
Urban Professionals—, los abogados, ingenieros, arquitectos, médicos, cuyo éxito
profesional se mide en relojes Cartier o Piaget, y cuyo gran logro cultural es el salto de
Irving Wallace a Milan Kundera. Los yuppies son todo lo que le queda a la sociedad de
vanguardia belicosa, los sostenedores de los últimos sueños de grandeza, tenemos fibra
y la vamos a hacer, no nos vence la malaventura ni tiene por qué, la adversidad es
monolingüe, dejada, contentadiza, sedentaria, cobriza, sin American Express en el

"Actualmente, viajamos cada vez menos que de recién casados. Fuimos el año pasado de fin de año a Nueva York. ¡Qué bonita es la temporada navideña allá! Los aparadores se ven increíbles. Aproveché para comprarme algunas cosas que en México no encuentras, como las corbatas Hermès; cuestan 90 dólares. Ahora hay de animalitos, las de figuras geométricas casi no se veían; eso sí, en colores muy raros: rosas, verdes, amarillos, pero con un traje azul marino y una camisa blanca se ven rebién. Precisamente, me compré un traje azul, Giorgio Armani; aunque ya los venden en México, siempre es más padre comprarlos allá, salen más o menos lo mismo, 1 200 dólares. Lo que sí no hay aquí son los zapatos Gucci, los mocasines; los compré en negro, café y de gamuza café oscuro (unos 200 dólares el par). Todos mis amigos los traen, igual que las corbatas Hermès. Con eso, de inmediato te identificas; siempre te ves muy bien vestido. Mi cuñado Rogelio está loco, pues él se compra unos zapatos Bally suizos que le cuestan más de 300 dólares; a mí no me gustan. Lo que sí no tiene nombre son sus trajes Brioni, más de 2 000 dólares; aquí los venden en Ouch, en Las Lomas. La verdad, ni se nota la diferencia con los Armani. Con los que hay que tener cuidado es con los Zegna: los buenos son italianos, aquí te venden los españoles y mucha gente se va con la finta.

"Las mejores camisas de algodón, claro, son las italianas; no se hacen bolas en el cuello y están siempre bien cortadas. No cualquiera; las buenas cuestan de 100 dólares para arriba.

"En fin, en Nueva York encuentras todo. No sólo anduvimos de *shopping* en la Quinta Avenida y en la Trump Tower; también fuimos al Oyster Bar del hotel Plaza, y el domingo al

---

extranjero, aglomerada, avara, temerosa del lujo. Y los Yuppies de México (y sus esposas que son psicólogas, comunicólogas, historiadoras de arte, diseñadoras gráficas, sociólogas, amas de casa con puntos de vista muy críticos sobre la enajenación de Televisa) hacen de lugares como Metrópolis sus campamentos temporales. 'Por lo menos ayudemos a los que no quieren que esto se vuelva un pueblote resentido'." Carlos Monsiváis, *Escenas de pudor y liviandad*, Grijalbo, México.

brunch. Cenamos en Bice (se pronuncia 'biche'), en La Côte Basque, nos tomamos un margarita en Zarela y acabamos en Tatoo, la discoteca de moda.*

"Fue un fin de año muy gastado y luego que regresamos nos encontramos con una pésima noticia: a los de Hacienda se les ocurrió que ya no eran deducibles de impuestos los coches. Tenía encargada una Gran Voyager y un Maxima, ya había encontrado la forma de deducirlos, ¿cómo es posible que hagan esto? Finalmente los compré; tuve que pagar más de doscientos millones de pesos (N$200 000), y todos de mi bolsa. No se vale que quiten estímulos fiscales.

"Estaba seguro que se iban a echar para atrás, hubo muchísima presión: desplegados en los periódicos, artículos, notas en las columnas financieras, en el radio. Se argumentó que la industria automotriz entraría en crisis, que se iba a la quiebra. Sin embargo, no pasó nada y no nos quedó más remedio que pagar el precio entero.

---

* "Milan Kundera acuñó la palabra imagología para designar la tecnología desarrollada por la cultura de la imagen o, lo que es lo mismo, la cultura del sucedáneo. 'Lo importante —dice Kundera— es que esta palabra nos permite unir bajo un mismo techo lo que tiene tantos nombres: las agencias publicitarias, los asesores de imagen de los hombres de estado, los diseñadores que proyectan las formas de los coches y de los aparatos de gimnasia, los creadores de moda, los peluqueros y las estrellas del *show business*, que dictan la norma de la belleza física a la que obedecen todas las ramas de la imagología.' Al imagólogo, Kundera le concede un preponderante papel: no sólo no oculta su actividad, sino que con frecuencia habla en lugar de sus hombres de estado, le explica al público lo que les ha enseñado y lo que ha logrado que olvidaran, cómo van a comportarse, de acuerdo con sus instrucciones, qué fórmulas utilizarán y qué corbata llevarán puesta. Y no debe extrañarnos su autosuficiencia: la imagología ha conquistado en las últimas décadas una victoria histórica sobre la ideología. 'La imagología —concluye Kundera— ya es más fuerte que la realidad, que por lo demás hace ya mucho que no es lo que era para mi abuela que vivía en un pueblo de Moravia y lo conocía todo por su propia experiencia: cómo se hornea el pan, cómo se construye una casa, cómo se mata un cerdo y se hacen con él embutidos, qué se pone en los edredones, qué piensan del mundo el señor cura y el señor maestro; todos los días se encontraba con todo el pueblo y sabía cuántos asesinatos se habían cometido en los alrededores en los últimos diez años; tenía, por así decirlo, un control personal sobre la realidad, de modo que nadie podía contarle que el campo moravo prosperaba cuando en casa no había qué comer'(Milan Kundera, *La inmortalidad*)." Margarita Rivière, *Lo cursi y el poder de la moda*, Espasa-Calpe, Madrid.

"Esa miscelánea fiscal también nos pasó a amolar, pues quitaron la deducibilidad a los gastos de restaurantes. Se intentó una campaña igual a la que se hizo con los coches, pero no se pudo lograr nada. Desgraciadamente, todas las cuentas las paga uno de su cartera y ya no puedes comer tan fácil caviar en La Galvia ($300 000 N$300) o tomar un buen vino. ¿Qué se le hace? Además, parecía que el comedor de aquí, de la casa de bolsa, también se cancelaba y tenía que ser una prestación igual para todos los empleados, con un tope en salarios mínimos por usuario. Por suerte, seguimos con el comedor sin absurdas limitaciones. ¿Cómo creen que les vas a dar XO a las secretarias y a los choferes, si la botella te cuesta más de 100 dólares, o que, con el tope que impusieron, va a alcanzar para camarones, si el kilo de U15 te cuesta como 80 000 pesos (N$80)? No sé cómo le hicieron, pero el comedor funciona como siempre.

"Ahora, con los cuates, como en el Guadiana 19, Chez Wok en la noche, de vez en cuando, voy a tomar una copa a La Ciudad. Es como un club, pero no necesitas credencial; si no te conocen, con tu tarjeta de presentación de la casa de bolsa entras sin ningún problema. Acaban de abrir un lugar que está divertidísimo, el Yuppie's; atienden unas niñas bastante cueros y van otras aún mejores, pero el chiste es que se llena de amigos. Nunca hay lugar, tienes que ser muy conocido o reservar con cuatro días de anticipación para no echarte dos horas de espera. Eso en la comida; en la noche se atasca y no puedes llegar ni a la puerta. Te pasan a la barra, ahí te tomas una copa y pagas con 'yuppins': son como vales, te cuesta $40 000 el block con diez. Para pagar una cuba necesitas tres, y un whisky, cinco. Los compras en una caja, como de banco del viejo oeste; te dicen que si te sobran, con ellos puedes pagar parte de tu cuenta, pero no es cierto; entonces te los llevas a tu casa hasta que se pierden.

"Tienen un éxito enorme, como en su momento lo tuvieron el San Ángel Grill de los Gali, y después El Invernadero, también de ellos. Sin embargo, hay diferencias sustantivas: ahora van jóvenes profesionistas mayores de 25 años y menores de 40; a aquéllos iban de entre 18 y 30 años, generalmente júniors, hijos de empresarios o políticos, no como nosotros, que hemos hecho dinero por nuestro propio esfuerzo; no hemos heredado y disfrutamos de lo legítimamente ganado; nosotros tuvimos la oportunidad. El gobierno no sólo permitió sino que alentó el crecimiento y desarrollo de las casas de bolsa, pues había mucha molestia por la nacionalización bancaria. Se pensó que de esta forma se eliminaría la fuga de capitales.

"Después vino la gran sorpresa en 1989. Todos estábamos muy tranquilos y, de repente, nos empezamos a dar cuenta que se daba entrada a denuncias presentadas, después de octubre de 87, por gentes que decían que habían sido defraudadas, que se habían hecho operaciones que nunca ordenaron o compras diferentes a las que habían indicado. En general, sabíamos que no iba a pasar mucho; por regla, en los contratos aparecían cláusulas que nos permitían manejar las cuentas de forma discrecional.

"En aquel momento regularizamos a nuestros ejecutivos de cuentas; la mayoría no estaba debidamente registrada ante la Comisión Nacional de Valores, eran jóvenes hijos de familia que no tenían ni idea, pero lograron acercar a un gran número de inversionistas. Me acuerdo de una que dependía de mí, una güera bastante bruta que no entendía nada del mercado. Ella atendía cuentas pequeñas; la habíamos entrenado para que contestara las preguntas, que siempre eran las mismas, sobre la seguridad de las inversiones, los plazos, etcétera.

"Algunas gentes del medio se pusieron nerviosas, incluso varias salieron del país; otras creyeron que no pasaría nada y se quedaron. Suponíamos que este gobierno sería como la vez anterior, y no fue así. Todos estábamos consternados por la detención del Bayo Legorreta, uno de los más importantes accionistas de Operadora de Bolsa, tal vez la casa más importante del país. Pero así fue. En paralelo se pagó a múltiples clientes, incluso se unieron para hacer denuncias comunes.

"Sabía que, antes que a mí, se involucraría a los altos directivos. Aproveché esos meses para salir de vacaciones con Paty y los niños.

"Por todo esto, contamos con un patrimonio que les permite a nuestras familias gozar de lo que nosotros nunca tuvimos. Yo viví en un departamento de la colonia Del Valle, y ahora vivo en Las Lomas, en mi casa. Los coches se pagaban a crédito, y yo los pago de contado. Mis hijos han viajado desde que están en bambineto; han visto en Estados Unidos los Santa Closes de los aparadores rodeados de gnomos que se mueven por computadoras, y no los de la Alameda, que se confunden con los Reyes Magos. Han sido atendidos por enfermeras, nanas, maestros de natación, tienen cursos de verano y estudian en un colegio que cuesta como universidad. No hay duda, he trabajado y he tenido suerte."

París, 15 de septiembre, 1992

"El Paraíso Terrenal está donde me encuentro".
VOLTAIRE, poema *Le Mondain*.

BIBLIOGRAFÍA

Alberoni, Francesco, *Los envidiosos*. Gedisa Mexicana, México, 1991.

Baudrillard, Jean, *La société de consommation*. Éditions Denoël, París, 1970.

Berman, Marshall, *Todo lo sólido se desvanece en el aire*. Siglo XXI, México, 1989.

Descamps, Marc-Alain, *Psicosociología de la moda*. Fondo de Cultura Económica, México, 1986.

Douglas, Mary, Baron Isherwood, *El mundo de los bienes*. Grijalbo-Consejo Nacional para la Cultura y las Artes, México, 1990.

Ewen, Stuart, *Todas las imágenes del consumismo*. Grijalbo-Consejo Nacional para la Cultura y las Artes, México, 1991.

Gallois, Claire, *Les heures dangereuses*. Éditions Grasset et Fasquelle, París, 1992.

García Calderón, Carola, *Revistas femeninas*. El caballito, México, 1988.

Key, Wilson Bryan, *Seducción subliminal*. Diana, México, 1989.

Lipovetsky, Gilles, *La era del vacío*. Anagrama, Barcelona, 1990.

Lipovetski, Gilles, *El imperio de lo efímero*. Anagrama, Barcelona, 1991.

Monsiváis, Carlos, *Escenas de pudor y liviandad*. Grijalbo, México, 1988.

Packard, Vance, *Los artífices del derroche*. Sudamericana, México, 1983.

Rivière, Margarita, *Lo cursi y el poder de la moda*. Espasa-Calpe, Madrid, 1992.

Schnake Ayechu, Hugo, *El comportamiento del consumidor*.Trillas, México, 1990.

Spire, Antoine, *L'argent*. Éditions Autrement, París, 1992.

Tilliette, Barthélémy y Antoine, *La pub*. Éditions Autrement, París, 1983.

Wesson, Carolyn, *Mujeres que compran demasiado*. Paidós, México, 1992.

Esta obra se terminó de imprimir
en el mes de noviembre de 1992
en los talleres de Litográfica Prakticos, S. A. de C. V.
Av, Tlahuac 3439-A Col. San Antonio Culhuacán
México, D. F.

Se tiraron 13 000 ejemplares
más sobrantes para reposición